사례로 알아보는 고동호의 직장인을 위한 세금

사례로 알아보는 고동호의

직장인을 위한 세금

저자의 말

직장인을 위한 세금 …

이 책의 제목이 『직장인을 위한 세금』으로 출판되었습니다만 몇 년 전 이 책을 기획할 때부터의 마음속 제목은 『법인과 세금』이었습니다. 즉 법인과 관련된 모든 세금에 대해 쉽게…아주 쉽게 정리해보고 싶었습니다.

사실 법인과 관련된 세금은 방대하기 그지없습니다. 그러나 법인세를 전문으로 하는 분들이 아닌 일반 직장인들이 그 방대한 관련 세금을 전부 학습하는 것은 가능하지도 필요하지도 않습니다. 따라서 이 책은 법인에 근무하는 직장인들이 필수적으로 알아야 할 부분을 제 나름대로 고심에 고심을 거듭하여 정리하였습니다.

법인과 관련된 세금이라면 우선 법인세와 부가가치세가 있습니다. 법인에 근무하는 분들이라면 당연히 알아야 할 세금입니다. 그리고 직장인들의 근로소득과 연말정산에 대한 부분을 정리하였습니다. 또한 퇴직소득과 연금소득에 대해서도 독립된 장으로 알아보았습니다. 마지막 5장에서는 근로소득자들의 영원한 관심인 주택의 구입·보유·처분과 관련된 세금에 대해 다루었습니다.

P·R·E·F·A·C·E

방대한 법인 관련 세금 중에서 가장 필요한 부분만을 뽑아내어 사례로 알기 쉽게 정리하는 일이 너무나 힘들어서 수년간 몇 번의 좌절과 포기를 되풀이하였습니다. 그런 갈등 속에서 집필을 마친 책이어서 기존에 집필한 다른 책과는 좀 더 다른 애정이 있습니다.

요즘 한창 감세론(減稅論)과 증세론(增稅論)을 두고 사회적으로 여러 가지 의견과 갈등이 있습니다. 하지만 감세든 증세든 그런 것의 유용성에 대해 갑론을박(甲論乙駁)하기보다는, 세법을 한번 만들거나 개정하면 너무 근시안적으로 자주 개정에 개정을 거듭하는 조변석개(朝變夕改)식 세금정책이 아닌 꾸준히 일관성 있게 시행하는 것이 더 중요하다고 생각합니다. 선진사회라는 것이라는 것은 결국 '미래에 대한 예측가능성이 높은 사회'일 테니까요.

이 책이 여러분에게 도움이 되었으면 좋겠습니다.

고동호

차 례

저자의 말 ⋯ 4

1 직장인과 법인세

1 • 법인세율 ⋯ 14
2 • 접대비 (1) 사용증빙 ⋯ 16
3 • 접대비 (2) 한도액 ⋯ 19
4 • 인건비 ⋯ 21
5 • 복리후생비 ⋯ 24
6 • 감가상각 (1) 내용연수와 상각방법 ⋯ 26
7 • 감가상각 (2) 임의상각제도 ⋯ 29
8 • 감가상각 (3) 내용연수의 의미 ⋯ 31
9 • 유가증권의 평가 ⋯ 34
10 • 세무조정 ⋯ 37
11 • 재고자산 감액손실 ⋯ 39
12 • 이자수익의 귀속시기 ⋯ 42
13 • 법인 이자소득과 원천징수 ⋯ 44
14 • 이자비용의 귀속시기 ⋯ 47
15 • 대손충당금 ⋯ 49
16 • 대손의 확정 ⋯ 53
17 • 퇴직급여충당금 ⋯ 55
18 • 퇴직연금 ⋯ 58
19 • 벌과금과 공과금 ⋯ 61
20 • 기부금 ⋯ 63
21 • 지급이자 손금불산입 ⋯ 67

- 22 • 업무무관자산 관련 지급이자 … 69
- 23 • 가지급금 인정이자 … 72
- 24 • 판매손익의 귀속시기 … 75
- 25 • 보험차익 … 77
- 26 • 법인의 부동산 양도 … 79
- 27 • 결손금의 이월공제와 소급공제 … 81
- 28 • 신고납부와 가산세 … 83
- 29 • 외국납부 세액공제 … 86
- 30 • 비영리법인에 대한 법인세 … 88
  - 요약 및 복습 … 92

직장인의 근로소득과 연말정산 2

- 1 • 근로소득의 범위 … 100
- 2 • 근로소득으로 보지 않는 것 … 104
- 3 • 비과세 근로소득 … 106
- 4 • 근로소득금액의 계산 … 108
- 5 • 근로소득의 수입시기 … 110
- 6 • 근로소득과 연말정산 … 112
- 7 • 소득공제 (1) 본인·배우자공제 … 114
- 8 • 소득공제 (2) 부양가족공제 … 119
- 9 • 소득공제 (3) 추가공제 … 123
- 10 • 소득공제 (4) 보험료 소득공제 … 126
- 11 • 소득공제 (5) 주택자금공제 … 128
- 12 • 소득공제 (6) 신용카드공제한도 … 131

차 례 ...

13 • 소득공제 (7) 신용카드공제 사용범위 ... 134
14 • 근로소득 산출세액 ... 136
15 • 세액공제 (1) 근로소득세액공제 ... 140
16 • 세액공제 (2) 자녀세액공제 ... 143
17 • 세액공제 (3) 연금계좌세액공제 ... 144
18 • 특별세액공제 (1) 보장성보험료공제 ... 147
19 • 특별세액공제 (2) 의료비공제 ... 150
20 • 특별세액공제 (3) 교육비공제 ... 153
21 • 특별세액공제 (4) 기부금공제 ... 157
22 • 표준세액공제 ... 161
23 • 근로소득 결정세액 ... 163
24 • 다른 소득이 있는 경우 ... 164
 • 요약 및 복습 ... 166

3 직장인과 부가가치세

1 • 부가가치세 과세대상 ... 174
2 • 부가가치세의 과세방법 ... 177
3 • 과세와 면세 ... 180
4 • 면세사업자와 매입부가가치세 ... 183
5 • 영세율사업자 ... 185
6 • 면세포기 ... 187
7 • 납세의무자와 담세자 ... 189
8 • 부가가치세와 사업자 ... 193
9 • 재화의 무상공급 ... 196

CONTENTS

- 10 • 용역의 무상공급 ⋯ 198
- 11 • 세금계산서 (1) 필요적 기재사항 ⋯ 200
- 12 • 세금계산서 (2) 영수증 ⋯ 204
- 13 • 세금계산서 (3) 신용카드매출전표 ⋯ 206
- 14 • 세금계산서 발행시기 ⋯ 208
- 15 • 공급시기의 특례 ⋯ 210
- 16 • 세금계산서합계표의 제출 ⋯ 213
- 17 • 매입자 발행 세금계산서 ⋯ 215
- 18 • 총괄납부와 사업자단위 신고·납부 ⋯ 217
- 19 • 부가가치세 과세표준 ⋯ 220
- 20 • 부가가치세 포함여부 ⋯ 222
- 21 • 보증금에 대한 간주임대료 ⋯ 224
- 22 • 부동산매각과 부가가치세 ⋯ 226
- 23 • 납부세액의 계산 ⋯ 229
- 24 • 매입세액불공제 ⋯ 232
- 25 • 대손세액공제 ⋯ 234
- 26 • 대리납부 ⋯ 236
- 27 • 조기환급 ⋯ 239
- 28 • 간이과세자 ⋯ 242
- 29 • 가산세 ⋯ 246
  - 쉬어가기(프로야구와 세금) ⋯ 248
  - 요약 및 복습 ⋯ 250

차 례 …

4 직장인의 퇴직소득과 연금소득

1 • 퇴직소득의 종류 … 260
2 • 근로자퇴직급여보장법 … 262
3 • 퇴직소득의 세부담 … 264
4 • 퇴직소득세의 계산 … 266
5 • 근로소득세의 계산 … 270
6 • 근로소득세와 퇴직소득세의 비교 … 273
7 • 현실적 퇴직이 아닌 경우 … 274
8 • 퇴직금의 중간정산 … 276
9 • 퇴직연금 … 278
10 • 국민연금과 연금저축 … 281
11 • 연금소득의 범위 … 283
12 • 연금소득 과세방법 … 286
  • 요약 및 복습 … 288

5 직장인의 주택과 세금

1 • 주택구입시 세금 … 294
2 • 1세대 1주택 비과세 … 296
3 • 1세대의 의미 … 298
4 • 이사를 위한 일시적 1세대 2주택 … 300
5 • 취득(양도)시기 … 301
6 • 혼인으로 인한 1세대 2주택 … 303

7 • 부모님과 합가한 경우 … 304
8 • 상속주택의 경우 … 306
9 • 겸용주택의 경우 … 309
10 • 오피스텔의 경우 … 311
11 • 미등기주택과 무허가주택 … 313
12 • 전근으로 인한 주택양도 … 315
13 • 해외이민으로 인한 양도 … 317
14 • 실질과세의 원칙 … 319
15 • 아버지주택을 아들이 사는 경우 … 321
16 • 입주권의 양도 … 323
17 • 재개발아파트 보유기간 … 325
18 • 1년 이내 양도 … 327
19 • 양도차익의 계산 … 329
20 • 고가주택의 양도 … 333
21 • 재산세와 종합부동산세 … 337
22 • 주택임대차보호법 … 342
23 • 부동산 명의신탁 … 344
24 • 양도소득세 과세대상 … 346
• 요약 및 복습 … 348

세금계산 FLOW 부록

1 • 법인세 계산 Flow … 356
2 • 근로소득세 계산 Flow … 358
3 • 부가가치세 계산 Flow … 360
4 • 퇴직소득세 계산 Flow … 361
5 • 양도소득세 계산 Flow … 362

01

직장인과 법인세

(주)연우전자의 신입사원인 고석훈(高碩勳)씨는 영업관리부로 발령을 받았다. 부서장으로 부터 법인 관련 세금에 대해 미리 공부할 것을 지시받은 고석훈씨는 대학선배인 이용복회계사에게 틈틈이 조언을 구하고 있다. 고석훈씨의 사례를 통해 법인세에 대해 알아보자.

1 CASE 법인세율

사례연구 오륜대학교 경영학과 동기인 고석훈씨와 이혜연씨는 그동안 성실히 취업준비를 하여 취업 빙하기(氷河期)를 뚫고 (주)연우전자와 알찬은행에 입사하였다. 고석훈씨는 우선 자신이 근무하는 (주)연우전자의 경우 법인세는 얼마나 부담하는지에 대해 궁금해 하고 있다.

조언방향 법인은 법인세 과세표준에 대해 2억원까지는 9%, 2억원 초과분에 대해서는 19%, 200억원 초과분에 대해서는 21%, 그리고 3,000억원 초과분에 대해서는 24%의 법인세율로 과세된다.

이론정리 및 심화학습

법인세율

법인세는 법인이 얻은 소득에 대해 부과되는 조세로 세율은 다음과 같다.

금융권도 일반법인과 동일한
법인세율을 적용한다.

〈표 1-1〉 법인세율

과 세 표 준	법 인 세 율
2억원 이하	9%
2억원 초과 200억원 이하	1,800만원+2억원 초과분×19%
200억원 초과 3,000억원 이하	37억 8,000만원+200억원 초과분×21%
3,000억원 초과	625억 8,000만원+3,000억원 초과분×24%

••• 이러한 조언에 이혜연씨는 자신이 입사한 알찬은행과 같은 금융권도 (주)연우전자와 동일한 법인세율로 과세되는지 궁금해하고 있다.

은행 등 금융권의 경우에도 일반법인과 동일한 법인세율을 적용하고 있다.

••• 학구적인 이혜연씨는 금융기관도 법인세율이 동일하다는 말에 농협이나 수협 등의 경우에도 동일한 법인세율이 적용되는지에 대해서도 추가질문을 하고 있다.

농협 등 조합법인에 대해서는 『조세특례제한법』에 의해 2025년까지 조합법인의 결산재무제표상의 당기순이익(기부금과 접대비 손금불산입액을 합산함)의 9%(20억원 초과분은 12%)를 법인세로 납부해야 한다.

2 CASE 접대비 (1) 사용증빙

사례연구 영업관리부에 배치된 고석훈씨는 입사 후 한 달이 채 되기도 전에 영업관리팀장과 함께 거래처 접대를 하게 되었다. 그런데 팀장님은 모든 접대비의 결제를 현금이 아닌 신용카드로 하고 있다. 신참인 고석훈씨는 접대비지출은 현금이 아닌 신용카드로 해야만 하는 이유가 있는지, 그리고 회사 차원의 접대비는 무한정 사용해도 법인세법상 전부 손금산입되는지에 대해 궁금해하고 있다.

조언방향 회사에서 지출한 접대비성격의 비용에 대해서는 법인세법상 한도액을 두어 손금산입을 제한하고 있다. 그리고 접대비의 지출대상인 유흥업소 등의 매출을 파악하기 위하여 접대비 지출시 신용카드 사용 등을 강제하고 있다.

이론정리 및 심화학습

∷ 증빙 미수취 접대비의 손금불산입

접대비 지출액이 3만원을 초과하는 경우 접대비 지출시 신용카드 등 다음에 해당하는 증빙이 없으면 법인의 손금으로 인정하지 않는다.

접대비 지출시 신용카드 등의
적격증빙이 필요하다.

① 신용카드(직불카드, 기명식 선불카드포함)
② 현금영수증
③ 세금계산서 · 계산서

• • • 이러한 조언에 고석훈씨는 다음 주말 거래처 직원의 결혼축의금을 회사에서 지출해야 하는데 이런 경우에도 3만원 이상이면 신용카드로 해야 하느냐며 황당해 하고 있다.

위의 경우처럼 경조금은 객관적인 증빙을 취득하기가 어렵기 때문에 20만원 이하이면 적격증빙이 없어도 청첩장 등의 증빙이 있으면 접대비로 인정된다. 그러나 20만원을 초과하는 접대비성 경조금의 경우에는 적격증빙이 없으면 손금산입되지 않는다.

〈표 1-2〉 접대비로 보는 경조금

구 분		내 용
접대비로 보는 경조금	20만원 이하	적격증빙 필요 없음
	20만원 초과	적격증빙 필요

• • • 그러자 이번에는 해외영업을 담당하고 있는 고석훈씨의 대학선배 김재명씨는 만일 해외출장시 아프리카 콩고에서 해외바이어를 만나 접대비를 지출했는데 콩고에서 신용카드를 사용할 수 없어 할 수 없이 현금을 사용한 경우에도 무조건 접대비 지출을 인정받지 못하는지 알고 싶다고 하고 있다.

■ 임직원 명의의 개인카드는
　 접대비 지출로 인정되지 않는다.

위의 경우처럼 적격증빙을 구하기 어려운 국외지역에서 지출한 것으로서 지출사실이 객관적으로 명백한 경우에는 법인세법상 손금산입^(주)한다.

●●● 신입사원이어서 법인카드가 지급되지 않은 고석훈씨는 접대시마다 부장님께 법인카드를 받아가는 것이 불편하여 자신의 개인카드로 지출한 후 이를 정산하려고 하고 있다. 그런데 회사의 임직원명의로 된 개인카드로 지출한 경우에도 회사의 접대비 지출로 인정될까?

접대비는 법인명의의 카드로 사용한 경우에만 인정된다. 따라서 임직원 명의로 발급받은 개인카드로 접대비를 지출하는 경우에는 손금불산입^(주) 되므로 주의해야 한다.

(주) 법인세법상 손금산입이란 비용으로 인정된다는 뜻이고 손금불산입은 비용으로 인정되지 않는다는 의미이다.

CASE 3 접대비 (2) 한도액

사례연구   접대비의 지출시 신용카드 등의 적격증빙이 반드시 필요하다는 것을 숙지한 고석훈씨는 그렇다면 법인세법상 접대비의 지출한도는 어떻게 결정되는 것인지 문의하고 있다. 회사의 자산규모에 의해 결정되는지 아니면 수입금액에 비례해서 결정되는지에 대한 질문이다.

조언방향   법인세법에 의하면 접대비의 경우에는 일정한 금액(1,200만원 & 3,600만원)을 기본적으로 인정해주고 추가로 수입금액에 비례하여 접대비한도액을 규정하고 있다. 아래 심화학습에서 살펴보기로 하자.

이론정리 및 심화학습

⋮ 접대비 한도액

각 사업연도에 지출한 접대비로서 손금산입되는 금액은 다음의 ①과 ②를 합한 금액을 한도로 한다.

■ 임직원 명의의 개인카드는
접대비 지출로 인정되지 않는다.

SUM(①, ②) = ① 1,200만원(중소기업은 3,600만원)
② 수입금액 × 적용률

수입금액별 적용률은 다음과 같다.

〈표 1-3〉 수입금액별 적용률

수 입 금 액	적 용 률
100억원 이하분	0.3%
100억원 초과 500억원 이하분	0.2%
500억원 초과분	0.03%

NOTE

문화접대비(예술·공연·전시회 등)를 지출한 경우 일반접대비 한도의 20%의 범위 내에서 추가 손금산입이 가능하다.(2025년까지)

••• 이러한 조언에 알찬은행에 근무하는 이혜연씨는 은행의 경우에도 접대비규정이 동일하게 적용되는지에 대해서 묻고 있다.

원칙적으로 은행에 대해서도 동일한 접대비규정이 적용된다.

4 인건비

사례연구 신입사원인 고석훈씨는 올해 연봉이 많지 않아 연말에 관례적으로 일괄 지급되는 상여금에 기대를 걸고 있다. 그런데 이번 상여금(성과급)으로 자신에게는 200만원이 지급되었지만 등기임원에 대해서는 수억원이 지급되었다는 사실에 놀라고 있다. 고석훈씨는 이렇게 많이 지급된 임원상여금이 과연 법인세법상 손금으로 인정되는지 궁금해하고 있다.

조언방향 일반급여의 경우에는 직원(사용인)이나 임원 모두 금액에 관계없이 손금으로 산입하는 것이 원칙이다. 그러나 상여금의 경우 직원(사용인)은 금액에 관계없이 손금산입하지만 임원에게 지급하는 상여금은 급여지급기준에 따른 한도 내에서만 손금산입한다.

이론정리 및 심화학습

일반급여

급여·임금·급료·수당·보수 등 명칭에 관계없이 일반급여는 원칙적으

■ 임직원에게 지급하는 일반급여는 원칙적으로 전액 손금산입한다.

로 손금산입한다. 그러나 다음의 경우에는 예외적으로 손금산입하지 않는다.

① 법인이 지배주주 등인 임직원에게 정당한 사유 없이 다른 임직원보다 초과하여 지급하는 금액
② 비상근임원에게 지급하는 보수는 손금산입하는 것이 원칙이나 부당행위계산부인[주1]에 해당하는 것은 손금산입하지 않는다.

(주1) 부당행위계산부인이란 특수관계자와의 거래로 인하여 법인의 조세부담을 부당히 감소시키는 경우 이를 부인하는 것을 말한다.

상여금

직원(사용인)에게 지급하는 상여금은 금액에 제한을 받지 않는다. 그러나 임원에게 지급하는 상여금은 정관·주주총회 또는 이사회의 결의에 의해 결정된 급여지급기준에 따른 금액을 초과하지 않아야 한다. 이를 초과하여 지급한 금액은 손금산입되지 않는다.

〈표 1-4〉 인건비 손금산입 요약

구 분	직원(사용인)	임 원
일반급여	손금산입	
상 여 금[주2]	손금산입	급여지급기준 한도 내에서 손금산입

(주2) 일반적인 상여금이 아닌 이익처분에 의한 상여금의 경우에는 원칙적으로 손금불산입하나 예외적으로 손금으로 산입하는 경우도 있다.

> 임원의 상여금은 지급규정 한도 내에서 손금산입한다.

● ● ● 고석훈씨의 회사인 (주)연우전자에는 회장인 유병진씨의 조카인 유영수씨가 비상근임원으로 근무하면서 연봉 1억원을 수령하고 있다. 이러한 비상근임원의 보수에 대해서도 손금산입이 될까?

법인이 지배주주(지배주주와 특수관계에 있는 자 포함)인 임원 등에게 정당한 사유 없이 동일한 직위에 있는 자에게 지급하는 보수보다 초과하여 지급하는 경우 그 초과액은 손금에 산입하지 않는다. 그리고 비상근임원에게 지급하는 보수도 손금에 산입하는 것이 원칙이나 부당행위계산부인(주1)에 해당하는 경우에는 손금산입되지 않는다.

CASE 5 복리후생비

사례연구 고석훈씨의 영업관리부서장인 이만수 부장이 얼마 전 모친상을 당했다. 회사에서는 고석훈씨를 통하여 얼마간의 돈을 부의금으로 이부장 상가(喪家)에 전달하였다. 이와 같은 경조사비의 지출은 법인세법상 회사의 손금으로 인정될 수 있을까?

조언방향 사회통념상 타당하다고 인정되는 범위 내에서 지급하는 경조사비는 복리후생비로서 손금산입이 가능하다.

이론정리 및 심화학습

복리후생비 손금산입

법인이 임직원을 위하여 지출한 복리후생비 중 다음에 해당하는 비용은 손금산입한다.
① 직장체육비
② 직장문화비, 직장회식비
③ 우리사주조합의 운영비

> 사회통념상 타당하다고 인정되는
> 복리후생비는 손금산입한다.

④ 『국민건강보험법』 및 『노인장기요양보험법』에 따라 사용자로서 부담하는 건강보험료 및 부담금

⑤ 『영유아보육법』에 따라 설치된 직장보육시설의 운영비

⑥ 『고용보험법』에 따라 사용자로서 부담하는 보험료

⑦ 기타 임직원에게 사회통념상 타당하다고 인정되는 범위 내에서 지급하는 경조사비 등 위 ① ~ ⑥과 유사한 비용

감가상각 (1) 내용연수와 상각방법

사례연구   고석훈씨는 회사에서 공장증설을 위해 10억원에 달하는 기계장치를 새로 구입한다는 이야기를 듣고 이러한 기계장치구입비용은 법인세법상 언제 손금으로 인정되는지 궁금해 하고 있다. 기계장치 구입시 일시에 손금으로 인정해 주는지 아니면 일정한 기간에 나누어서 손금을 인정해 주는지에 대해 문의하고 있다.

조언방향   기계장치 구입대금에 대해서는 감가상각을 통하여 일정한 기간(법인세법상 내용연수) 동안 나누어 손금으로 계상하도록 하고 있다. 이러한 감가상각 방법으로는 정액법과 정률법이 있다.

이론정리 및 심화학습

⋮ 감가상각

감가상각이란 고정자산의 구입금액을 내용연수 기간에 걸쳐 합리적인 방법에 의해 비용(손금)으로 배분하는 과정을 말한다. 법인세법에서는 감

> 감가상각이란 자산구입 금액을
> 비용으로 배분하는 과정이다.

가상각범위액을 초과하는 금액은 손금불산입하고 있으며 감가상각방법도 제한하고 있다.

감가상각방법

(1) 정액법

정액법이란 내용연수 기간 동안 매년 똑같은 일정액의 감가상각비를 손금으로 인식하는 상각방법이다.

예를 들어 구입가액 10억원의 기계장치(내용연수 5년)의 경우 내용연수인 5년 동안 매년 2억원(=10억원 / 5년)을 감가상각비로 인식한다.

(2) 정률법

정률법이란 매년 미상각잔액에 대해 일정한 비율로 감가상각비를 인식하는 상각방법이다. 매년 미상각잔액은 적어지기 때문에 초기에 감가상각액이 많고 나중으로 갈수록 상각액이 줄어들게 된다.

예를 들어 구입가액 10억원인 기계장치의 내용연수가 5년인 경우 정률법에 의한 상각률이 0.451이라면 매년 미상각잔액인 장부가액(=취득원가 −감가상각누계액)에 0.451의 상각률을 곱한 금액을 당기상각액으로 인식한다.

■ 일반적인 감가상각방법에는
　정액법과 정률법이 있다.

••• 앞에서 예시한 10억원의 기계장치를 상각할 때 정액법과 정률법에 의한 5년간 상각액은 각각 얼마가 될까?

〈표 1-5〉 정액법과 정률법에 의한 감가상각액 비교

구 분	1년도	2년도	3년도	4년도	5년도[주]	합 계
정액법	2억원	2억원	2억원	2억원	2억원	10억원
정률법	4.51억원	2.48억원	1.35억원	0.75억원	0.91억원	10억원

(주) 법인세법에서는 감가상각이 끝난 자산은 폐기(또는 처분)될 때까지 잔존가액을 기재하도록 하고 있으나 여기서는 마지막 해에 모두 상각하는 것으로 하였다.

NOTE
감가상각방법에는 정액법, 정률법 외에 생산량비례법도 있다.

7 CASE 감가상각 (2) 임의상각제도

사례연구 이러한 조언에 고석훈씨는 만일 자신의 회사에서 구입한 10억원의 기계장치를 5년의 내용연수에 의해 정액법으로 상각을 할 경우 1년에 2억원씩 상각하면 되는 것은 알겠는데 만일 회사에서 올해에 전혀 감가상각을 하지 않은 경우에는 어떻게 되는지 문의하고 있다.

조언방향 법인세법에 의하면 감가상각은 강제조항이 아니라 임의조항이다. 즉 올해 감가상각을 하지 않아도 상관없다. 감가상각을 하지 않으면 법인의 과세소득이 늘어나 과세표준이 많아지기 때문에 과세관청에서는 손금(감가상각비)을 적게 계상하는 것은 문제 삼지 않는다.

이론정리 및 심화학습

⋮ 임의상각제도

법인세법상 감가상각은 임의상각제도이다. 따라서 내용연수에 따른 상각계산액은 당해연도의 상각할 수 있는 최고 한도액만을 의미한다. 따라서

■ 법인세법상 감가상각은
　임의상각제도이다.

위의 경우 올해에 2억원을 초과하여 감가상각을 할 수 없지만 2억원에 미달하는 경우에는 상관없다.

••• 그렇다면 (주)연우전자에서는 위의 기계장치를 10년간 감가상각을 하지 않고 그 후 10년간 매년 1억원씩 감가상각을 해도 상관없다는 것인지 고석훈씨는 문의하고 있다.

그렇다. 상관없다. 당해연도에 상각액이 2억원만 넘지 않으면 몇 년에 걸쳐서 상각해도 상관없다.

NOTE 업무용 승용차

① 감가상각비 : 업무용 승용차의 감가상각은 정액법만 허용하며 내용연수 5년으로 하는 강제상각제도로 감가상각비 중 업무에 사용한 금액은 年 800만원(5년간 4,000만원)을 한도로 손금산입하고 한도 초과액은 이월손금산입한다.

② 관련비용 : 업무용 승용차의 관련비용(감가상각비, 리스료, 유지비 등) 중 업무사용금액에 해당하지 않는 금액은 손금에 산입하지 않는다.

8 CASE 감가상각 (3) 내용연수의 의미

사례연구 이러한 조언에 고석훈씨는 그러면 내용연수 5년이라는 것이 무슨 의미가 있는 것이냐며 항변 아닌 항변을 하고 있다. 자신은 내용연수 5년이라는 것은 5년간에 걸쳐 감가상각을 해야 하는 것을 의미하는 줄 알고 있었다고 말하고 있다.

조언방향 오해하면 안 된다. 법인세법상 내용연수는 그 기간 동안 상각해야 하는 것을 말하는 것이 아니라 당해연도에 상각할 수 있는 최대한도액 2억원(=10억원÷5년)을 결정하는 의미만 있다.

이론정리 및 심화학습

••• 만일 올해 감가상각을 하지 않고 내년에 2년치인 4억원을 한꺼번에 상각하는 경우에는 어떻게 될까?

내년의 감가상각비는 당해연도 상각한도액인 2억원만 손금으로 인정하고 이를 초과하는 2억원은 손금불산입하여 손금처리가 되지 않는다. 즉, 위에서 언급한 것처럼 내용연수(5년)는 당해연도에 상각할 수 있는 최고

■ 내용연수는 당해연도
■ 상각최고한도액을 결정한다.

한도액 2억원(=10억원÷5년)을 결정하는 것이다.

••• 그러면 감가상각할 때 매우 중요한 변수인 고정자산의 내용연수는 어떻게 결정되는지 고석훈씨는 궁금해하고 있다.

법인세법에서는 자산별·업종별로 내용연수를 정하고 있는데 이를 기준내용연수라고 한다. 법인은 이 기준내용연수에 25%를 가감한 범위 내에서 내용연수를 결정하여 적용하면 된다.

예를 들어 차량운반구의 경우 기준내용연수는 5년이기 때문에 법인은 25%를 가감한 4년~6년 사이의 내용연수를 결정할 수 있다.

〈표 1-6〉 기준내용연수

구 분	내 용 연 수
차량 운반구·공기구비품	5년
선박, 항공기	12년
건축물과 구축물	20년, 40년
그 외 감가상각자산	5년, 8년, 10년, 12년, 20년

NOTE 1

법인세법에서는 감가상각을 임의상각에 의해 운영하지만 회계감사를 받는 기업의 회계결산에서는 5년간의 내용연수 기간 내에 10억원의 기계장

취득가액 100만원 이하인
자산은 즉시 상각할 수 있다.

치 금액을 감가상각해야 한다는 점에 주의해야 한다. 따라서 회계감사대상기업은 법인세법규정에 불구하고 내용연수기간 내에 감가상각을 하는 것이 일반적이다.

〈표 1-7〉 법인세법과 기업회계기준상 감가상각

구 분	감 가 상 각
법 인 세 법	임 의 상 각
기업회계기준	내용연수 기간 내에 강제상각

••• 영업관리부에서는 이번에 부서에서 필요한 비품을 48만원에 구입하였다. 그런데 이처럼 적은 금액에 대해서도 고정자산으로 계상하고 감가상각을 통해 비용을 인식해야 하는지 문의하고 있다.

취득가액이 거래단위별로 100만원 이하인 감가상각자산의 경우에는 그 자산을 사업에 사용한 사업연도에 손금으로 계상하면 전액 손금으로 인정한다. 단 회사의 고유업무의 성질상 대량으로 보유하는 자산이나 사업의 확장을 위하여 취득한 자산은 즉시상각을 할 수 없다.

NOTE 2
토지는 감가상각 대상자산이 아니다.

9 CASE 유가증권의 평가

사례연구   (주)연우전자에서는 10월 6일 여유자금의 투자목적으로 성장성이 무궁무진한 환경기업인 상장법인 (주)엔텍의 주식을 한 주에 1만원씩 10만주를 10억원에 매입하였다. 회사는 이 주식을 장기보유할 생각은 없고 어느 정도 가격이 오르면 팔아서 차익을 실현할 예정이다.

그런데 얼마 후 이 주식이 급등하여 올해 종가가 25억원이 되었다. 고석훈씨는 아직 실현되지 않은 미실현이익인 유가증권평가차익 15억원을 법인세법상 익금으로 산입해야 하는지 문의하고 있다.

조언방향   현행 기업회계기준에 의하면 단기매매증권의 평가차익은 당기순이익에 반영하도록 하고 있다. 따라서 경리과에서는 15억원의 평가이익을 인식하도록 장부기장을 해야 한다. 이를 시가법에 의한 평가라고 한다.

그러나 법인세법에서는 유가증권의 평가는 시가법이 아닌 원가법에 의해 평가를 하도록 규정하고 있다. 이에 따라 회사는 법인세 신고시 장부에 반영된 평가차익 15억원을 익금불산입하는 세무조정을 해야 한다.

일반기업회계기준상 유가증권의
평가는 시가법이 원칙이다.

이론정리 및 심화학습

⁝ 일반기업회계기준상 유가증권의 구분과 평가

일반기업회계기준에서는 유가증권(주식·출자지분 및 채권)을 다음과 같이 구분하고 이에 대한 평가규정을 정하고 있다.

〈표 1-8〉 기업회계기준상 유가증권의 구분과 평가

구 분	내 용	평 가
단기매매증권	시장성과 단기매매목적이 있고 매수와 매도가 빈번하게 일어나는 유가증권	시가법 (평가손익 손익계산서에 반영)
매도가능증권	단기매매증권이나 만기보유증권으로 분류되지 않는 유가증권	시가법 (평가손익 손익계산서에 미반영)
만기보유증권	만기가 확정된 채무증권으로 만기까지 보유할 의도와 능력이 있는 유가증권	원가법 (유효이자율법에 의해 상각)

이에 따라 경리과에서는 단기매매증권을 시가에 의해 평가하여 15억원의 평가이익을 계상한다.

■ 법인세법상 유가증권 평가는
원가법에 의한다.

법인세법상 유가증권의 구분과 평가

그러나 법인세법에서는 위의 기업회계기준상의 분류·평가와 관계없이 모든 유가증권의 평가는 원가법에 의하도록 하고 있다. 따라서 회사가 장부에 계상한 단기매매증권에 대한 평가이익 15억원은 세무조정시 익금불산입해야 한다.

10 세무조정

사례연구   앞의 사례에서 유가증권 평가시 기업회계기준에서는 시가법에 의해 평가이익을 반영하고 법인세법에서는 원가법에 의해 평가이익을 반영하지 못한다는 조언에 고석훈씨는 기업회계기준은 도대체 무엇이고 이것이 법인세법과 어떤 관계가 있는지에 대해 문의하고 있다.

조언방향   기업회계기준은 회사가 재무제표(장부기장)를 작성할 때 기준이 되는 것이고 법인세법은 회사가 법인세를 계산·납부할 때 적용되는 규정이다. 따라서 기업회계기준과 법인세법은 상당 부분 차이가 있다. 아래의 심화학습에서 살펴보자.

이론정리 및 심화학습

외부회계감사

주권상장법인과 일정 규모 이상인 회사는 외부회계감사를 받아야 한다. 외부회계감사는 회계법인이 담당하는데 회계감사란 회사의 재무제표가 기업회계기준에 맞게 작성되었는가를 감사(監査)하는 것이다. 따라서 회

■ 세무조정이란 손익계산서상 당기순이익을
■ 법인세법상 소득금액으로 조정하는 것을 말한다.

사는 재무제표를 반드시 기업회계기준에 의하여 작성하여야 한다.

세무조정

법인세를 산출할 때에는 법인세법에 의하여야 하는데 회사는 법인세법에 의한 장부(재무제표)는 따로 작성하지 않고 기업회계기준에 의해 작성한 것에서 법인세법과 차이가 나는 부분만을 조정하여 신고한다. 이것을 세무조정이라고 한다.

기업회계기준에 의한 당기순이익 → 세무조정 → 법인세법상 소득금액

세무조정의 例

앞의 사례에서 기업회계기준에서는 평가이익 15억원을 인식하도록 했기 때문에 당기순이익에 반영되어 있다. 그러나 법인세법에서는 이를 이익으로 보지 않기 때문에 법인세 세무조정계산서 작성시 장부에 반영되어 있는 유가증권평가이익 15억원을 익금불산입으로 세무조정하여 법인세법상 소득금액에서 제외된다.

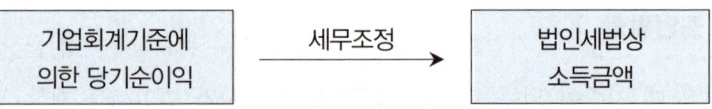

기업회계기준에 의한 평가이익(15억원) → 세무조정 익금불산입(△15억원) → 법인세법상 평가이익(0원)

재고자산 감액손실

사례연구 (주)연우전자는 오래된 회사여서 진부화된 재고자산이 많이 있다. 이러한 진부화된 재고자산은 장부에 계상은 되어 있지만 현재가치는 거의 0에 가깝다. 고석훈씨는 진부화된 재고자산을 현재가치로 평가하여 감액된 부분을 법인세법상 손금산입이 가능한지 문의하고 있다.

조언방향 원칙적으로 가능하다. 법인세법에서는 재고자산 중 파손·부패 등의 사유로 인하여 정상가격으로 판매할 수 없는 것에 대해서는 사업연도 종료일 현재 처분가능한 시가로 평가할 수 있고 그 감액한 금액을 손금에 산입할 수 있다. 그러나 이러한 감액처분을 할 때에는 객관적이고 합리적인 증빙을 반드시 확보하여 재고자산의 감액손실에 대한 정당성을 확보해야 한다.

이론정리 및 심화학습

재고자산

재고자산이란 기업의 정상적인 영업활동과정에서 판매를 목적으로 보유

■ 재고자산 감액손실의 손금산입시
객관적증빙이 필요하다.

하고 있는 자산과 생산과정에 있는 자산 등을 말하며 다음과 같이 구분할 수 있다.

① 제품 및 상품
② 반제품과 재공품
③ 원재료
④ 저장품

재고자산 평가방법

(1) 원가법
재고자산 평가를 취득원가에 의해 평가하는 방법으로 원가법에는 선입선출법, 후입선출법, 총평균법, 이동평균법, 개별법과 매출가격환원법 등이 있다.

(2) 시가법
기말현재의 가치로 기말재고를 평가하는 방법으로 재고자산의 가치변화분을 손익으로 인식하는 방법이다.

(3) 저가법
저가법은 재고자산을 취득원가와 시가 중에 낮은 가액으로 평가하는 방법으로 평가이익은 인식하지 않고 평가손실만을 인식하게 된다.

법인세법상 재고자산 평가는
원가법과 저가법 중 선택이다.

⋮ 법인세법상 재고자산 평가방법

법인세법에서는 재고자산 평가방법으로 원가법과 저가법 중에서 선택하도록 하고 있다.

NOTE
기업회계기준에서는 재고자산 평가방법으로 저가법을 강제하고 있다.

〈표 1-9〉 재고자산 평가방법

구 분	감 가 상 각
법 인 세 법	원가법·저가법 중 선택
기업회계기준	저가법 강제

CASE 12 이자수익의 귀속시기

사례연구   (주)연우전자에서는 올해 7월 1일 알찬은행에 2년 만기 정기예금 10억원을 가입하였다. 2년 후 받기로 한 예금이자는 1억원으로 만기에 일시에 받기로 하였다. 그런데 올해 12월 말이 되자 경리과에서는 2년간의 수입이자 1억원 중에서 올해 6개월분인 2,500만원을 이자수익(미수이자)으로 인식하였다. 고석훈씨는 법인세법에서도 아직 만기가 되지 않은 이자수익의 경과분을 익금으로 인식할 수 있는지 궁금해하고 있다.

조언방향   법인세법상 수입이자는 그 이자를 받은 날(또는 받기로 한 날)이 속하는 사업연도의 익금으로 한다. 따라서 위의 경우 2년 후 만기에 이자를 받기로 하였기 때문에 6개월 경과분 이자수익인 2,500만원은 법인세법상 익금에 산입할 수 없다.

이론정리 및 심화학습

이자소득 수입시기

법인세법상 보통예금·정기예금·적금·부금 등의 이자수익의 귀속시기는 다음과 같다.

법인의 이자수익은 그 이자를
받은 날이 속하는 사업연도에 익금산입한다.

① 원칙 : 실제로 이자를 지급받는 날
② 원본전입 특약이 있는 이자 : 원본전입일
③ 해약으로 인해 지급되는 이자 : 해약일
④ 계약기간의 연장시 : 연장하는 날

••• 위의 경우 회사가 이미 회계장부에 이자수익(미수수익)으로 2,500만원을 인식했는데 이를 장부에서 취소해야 하는지 고석훈씨는 궁금해하고 있다.

그렇지 않다. 회계장부는 수정하지 않아도 된다. 왜냐하면 기업회계기준에서는 기간이 경과한 미수이자에 대해서 수익으로 인식하도록 규정하고 있기 때문이다. 따라서 장부에는 이자수익(미수수익)으로 계상하되 법인세신고시 세무조정계산서상에 익금불산입으로 세무조정하여 과세소득에서 차감하면 된다.

〈표 1-10〉 기간경과 이자의 수익인식

구 분	내 용
법 인 세 법	인식하지 않음
기업회계기준	수익으로 인식

CASE 13 법인 이자소득과 원천징수

사례연구 학구적인 고석훈씨는 앞의 사례에서 알찬은행이 2년 후 정기예금 10억원에 대한 만기 이자 1억원을 (주)연우전자에게 지급할 때 원천징수하지 않고 이자 1억원을 전부 지급하는지 아니면 개인에게 이자를 지급할 때처럼 15.4%(지방소득세 1.4%포함)를 원천징수하고 나머지 8,460만원만 지급하는지 계속 문의하고 있다.

조언방향 은행에서는 법인에게 이자 지급시 개인과 마찬가지로 15.4%를 원천징수하고 나머지 금액만 지급한다. 회사는 원천징수 후의 금액인 8,460만원을 지급받지만 이자수익으로 1억원을 계상하고 법인의 다른 소득과 합산하여 법인세를 계산한다.
그리고 원천징수당한 15.4%(1,540만원) 중 법인세부분인 14%(1,400만원)는 기납부세액으로 법인세 산출세액에서 공제한다.

> 금융기관은 법인에게 이자 지급시
> 15.4%를 원천징수해야 한다.

이론정리 및 심화학습

금융소득과 원천징수

(1) 이자소득

금융기관은 이자소득 지급시 개인과 법인 모두에게 지급금액의 15.4%를 원천징수한다.

(2) 배당소득

법인이 배당소득을 지급할 때 개인주주에게는 15.4%를 원천징수하지만 법인주주에게는 투자신탁이익의 분배금 외에는 원천징수하지 않는다.

〈표 1-11〉 금융소득과 원천징수

구 분		내 용
이 자 소 득	법인에게 지급시	15.4% 원천징수함
	개인에게 지급시	
배 당 소 득	개인에게 지급시	15.4% 원천징수함
	법인에게 지급시	원천징수대상 아님(주)

(주) 투자신탁이익의 분배금은 원천징수대상임

••• 위의 사례처럼 법인이 이자를 지급받을 때 개인처럼 원천징수한다면 법인의 금융소득(이자소득+배당소득)이 2,000만원 이하인 경우에는 개인처럼 원천징수

■ 법인의 금융소득은 다른 법인소득과
　합산하여 법인세를 과세한다.

에 의해 납세의무를 종결하여 법인세 계산에서 제외될까?

2,000만원 이하의 금융소득에 대해 원천징수에 의해 납세의무를 종결하는 것은 소득세법에서만 규정하고 있다. 법인세법에서는 금융소득 금액이 아무리 적어도 원천징수에 의해 납세의무를 종결하는 것은 없다. 따라서 원천징수를 당한 금융소득도 법인의 다른소득과 합산하여 법인세가 과세되고 원천징수당한 금액은 기납부세액으로 법인세 산출세액에서 공제된다.

〈표 1-12〉 개인과 법인의 금융소득

구 분		내 용
개인 금융소득	2,000만원 이하	15.4%의 원천징수로 납세의무종결
	2,000만원 초과	다른 종합소득과 합산하여 종합과세
법인 금융소득		금액에 관계없이 무조건 법인의 다른 소득과 합산하여 법인세 과세

이자비용의 귀속시기

사례연구 법인세법상 이자수익의 경우 기간 경과분에 대한 미수이자를 인식하지 않는다는 조언에 고석훈씨는 미지급이자도 마찬가지냐며 묻고 있다. 즉 앞의 사례와 반대로 차입금 10억원을 이자 10%로 올해 10월 1일 은행에서 차입하면서 이자를 1년 단위로 지급하기로 약정을 맺은 경우 내년 10월 1일 이자 1억원을 지급하는 시점에서 손금으로 계상해야 하는지에 대한 질문이다. 회사는 올해 결산시 3달치 미지급이자인 2,500만원에 대해 미지급이자로 계상하고 있다.

조언방향 이자비용도 실제로 지급한 날(또는 지급하기로 한 날)이 속하는 사업연도에 손금으로 인식해야 한다. 그러나 기간경과분에 대해 회사가 비용으로 계상한 경우에는 특례규정에 의해 손금으로 인정된다. 심화학습에서 살펴보자.

■ 이자비용의 원칙적인 귀속시기는
실제로 지급한 날이다.

이론정리 및 심화학습

이자비용 귀속시기

법인세법상 법인이 지급하는 이자비용은 원칙적으로 그 이자를 실제로 지급한 날 또는 지급하기로 한 날이 속하는 사업연도의 손금으로 인식해야 한다. 즉 「현금주의」나 「권리·의무확정주의」에 의해 인식하는 것이 원칙이다.

그러나 특례규정에 의해 미지급이자의 경우 결산을 확정할 때 이미 경과한 기간에 대응하는 이자비용을 해당 사업연도의 손금으로 계상한 경우에는 그 계상한 사업연도의 손금으로 할 수 있다. 따라서 법인세법에서는 이자비용의 경우에는 이자수익과는 달리 발생주의에 따른 회계처리를 수용하고 있다.

〈표 1-13〉 이자비용의 귀속시기

구 분	내 용
원 칙	실제로 지급한 날
예 외	기간경과분에 대한 비용으로 계상한 경우에는 손금산입

CASE 15 대손충당금

사례연구   (주)연우전자는 수출뿐만이 아니라 내수시장에서도 치열한 경쟁 때문에 거래처확보에 안간힘을 쓰고 있다. 따라서 신규거래처의 경우 거래조건을 다른 회사보다 유리하게 적용하여 거래대금을 3개월 후에 지급할 것을 제시하고 있다. 이러한 정책에 힘입어 신규거래처 확보에는 성공했지만 매출채권의 회수에 많은 문제가 있는 것 같다. 고석훈씨는 현재 계상되어 있는 매출채권 50억원의 5%인 2.5억원은 대손의 위험이 있다고 판단하고 있다. 이처럼 대손위험이 있는 채권에 대해 미리 대손충당금을 설정할 경우 법인세법상 손금산입이 되는지 고석훈씨는 궁금해하고 있다.

조언방향   법인세법에서는 매출채권이나 미수금 등의 채권 중 대손가능성이 높은 채권에 대해 대손충당금을 설정한 경우에는 일정부분을 손금으로 인정해 주고 있다. 심화학습에서 살펴보자.

■ 법인의 매출채권 등에 대해
■ 대손충당금 설정이 가능하다.

이론정리 및 심화학습

대손충당금

법인이 각 사업연도에 외상매출금 등 채권의 대손에 충당하기 위하여 대손충당금을 손금으로 계상한 경우에는 일정한 금액의 범위 내에서 손금에 산입할 수 있다.

대손충당금 설정대상 채권

대손충당금의 설정대상이 되는 채권은 다음과 같다.

① 외상매출금
② 대여금
③ 어음상의 채권
④ 미수금

그러나 특수관계자에게 법인의 업무와 관련 없이 지급한 가지급금과 할인어음, 배서양도한 어음 등은 대손충당금을 설정할 수 없다.

대손충당금 설정한도

일반법인의 경우에는 대손충당금 설정대상 채권잔액의 1%와 아래의 대

대손충당금은 법인세법상
설정한도가 있다.

손실적률 중 큰 금액을 한도로 설정할 수 있다.

대손율 : MAX (①, ②)

① 채권잔액의 1%

② 대손실적률 = 해당 사업연도의 대손금 ÷ 직전사업연도의 대손충당금 설정대상 채권잔액

••• (주)연우전자의 전년도 대손충당금 설정대상 채권잔액은 40억원이었고 올해 채권잔액은 50억원이다. 그리고 올해 대손이 확정된 금액은 1억원이다. 이런 경우 대손충당금설정한도는 얼마인가?

대손율은 MAX (①, ②)이므로 2.5%가 된다.

① 1%

② 대손실적률=1억원÷40억원=2.5%

따라서 올해 채권잔액 50억원에 대손율 2.5%를 곱한 금액 1억 2,500만원이 대손충당금 설정한도액이 된다. 만일 기말현재 대손충당금 잔액이 5,000만원 계상되어 있다면 7,500만원(=1억 2,500만원-5,000만원)을 당기에 추가적으로 설정할 수 있다.

••• 이러한 조언에 알찬은행에 근무하는 고석훈씨의 동창인 이혜연씨는 은행의 경우에는 대손율이 매우 높은데 동일한 설정기준이 적용되는지 문의하고 있다.

■ 금융기관의 대손충당금 설정한도는
  일반법인과 다르다.

은행 등 금융기관의 경우에는 다음과 같이 일반회사와 다른 대손충당금 설정한도를 규정하고 있다.

〈표 1-14〉 대손충당금 설정률

구 분		설 정 률
일반법인		MAX(1%, 과거대손율)
금융기관	은행 등	MAX(1%, 과거대손율, 대손충당금 적립기준[주])
	신용보증기금 등	MAX(1%, 과거대손율)

(주) 금융위원회가 기획재정부장관과 협의하여 정하는 대손충당금 적립기준을 말한다.

16 CASE 대손의 확정

사례연구   (주)연우전자는 올해 10월 6일 고석훈씨가 관리하던 거래처인 (주)한심이 부도가 발생해 받은 어음이 부도처리되었다. 고석훈씨는 문책받을까 봐 걱정을 하면서도 부도가 난 어음은 당연히 올해에 손금산입할 수 있을 것이라고 생각하고 있다.

회사가 개점휴업상태인 다른 매출거래처 (주)두심의 경우에는 거의 받을 수 없는 매출채권(외상매출금) 1억원이 1년 7개월째 회수되지 않고 있다. 고석훈씨는 이 매출채권은 언제 대손금으로 손금산입할 수 있는지에 대해서도 문의하고 있다.

조언방향   부도어음의 경우 부도가 나면 바로 대손이 확정되어 손금산입할 수 있는 것이 아니라 부도 후 6개월이 경과한 후에 손금으로 확정할 수 있다.

그리고 미수매출채권의 경우 상법상 상사채권의 소멸시효는 5년이나 다른 법령에서 단기의 소멸시효가 있는 경우에는 그 규정에 의한다. 현재 민법상 물품채권의 소멸시효는 3년(중소기업은 2년 [특수관계인과 거래 제외])이므로 (주)두심의 매출채권은 단기소멸시효인 3년(2년)이 되어야 대손으로 확정할 수 있다.

■ 물품채권의 경우 단기소멸시효
■ 3년이 되면 대손이 확정된다.

이론정리 및 심화학습

∷ 대손확정 요건

대손을 확정할 수 있는 대손요건은 다음과 같다.

① 소멸시효가 완성된 채권
② 부도발생일로부터 6개월 이상 경과한 수표 또는 어음상의 채권
③ 채무자의 파산, 강제집행, 형의 집행, 사업의 폐지, 실종, 행방불명 등으로 인하여 회수할 수 없는 채권
④ 『채무자회생 및 파산에 관한 법률』에 의한 회생계획인가의 결정 또는 법원의 면책결정에 따라 회수불능으로 확정된 채권 등
⑤ 「민사집행법」에 따라 채무자의 재산에 대한 경매가 취소된 압류채권
⑥ 회수기일이 2년 이상 지난 중소기업의 외상매출금 등(특수관계인과의 거래에서 발생한 경우 제외)
⑦ 회수기일이 6개월 이상 지난 채권 중 채권가액이 30만원 이하인 채권

17 CASE 퇴직급여충당금

사례연구 (주)연우전자가 당기말 현재 전임직원이 퇴직할 경우에 지급해야 할 퇴직금추계액을 계산해보니 100억원이다. 그리고 당기말 현재 설정되어 있는 퇴직급여충당금의 잔액은 3억원인 바 부족분인 95억원을 추가 설정하면 법인세법상 손금산입이 되는지 문의하고 있다. 회사에서 올해 임직원에게 지급한 총급여액은 300억원이었다.

조언방향 법인세법상 퇴직급여충당금의 손금산입 한도액은 총추계액의 일정범위까지 허용하였지만 2016년부터 퇴직급여충당금에 의한 손금산입제도는 폐지되었다.

이론정리 및 심화학습

퇴직급여충당금

회사는 1년 이상 근무한 종업원에게 퇴직금을 지급하여야 하는데『근로자퇴직급여보장법』에 의하면 근로기간 1년에 대해 30일 이상의 평균임금을 근로자에게 퇴직금으로 지급하게 되어 있다. 퇴직급여충당금이란

■ 법인세법에서는 퇴직급여충당금
■ 설정한도를 규정하고 있다.

미래에 지급해야 할 퇴직금을 부채로 계상한 것을 말한다.

∷ 퇴직급여충당금 한도액

법인세법상 퇴직급여충당금의 손금산입 한도액은 다음 ①과 ② 중에서 적은 금액으로 한다.

MIN (①, ②)
　　① 퇴직급여추계액 × 손금산입률$^{(주)}$ − 당기말 퇴직급여충당금 잔액
　　② 당기에 임직원에게 지급한 총급여액 × 5%

(주) 이 비율은 매년 5%씩 축소되어 2016년 폐지되었다.

2011년	2012년	2013년	2014년	2015년	2016년
25%	20%	15%	10%	5%	0%

••• 그렇다면 올해 퇴직급여충담금의 손금산입률이 0%이면 (주)연우전자의 퇴직급여충당금 전입액으로 손금산입할 수 있는 금액은 없는 것일까?

그렇다. (주)연우전자가 올해 손금산입할 수 있는 퇴직급여충당금 전입액은 없다.

••• 그렇다면 전직원이 일시에 퇴직하게 되면 부담해야 할 퇴직금추계액의 손금산입을 폐지한 이유는 무엇일까?

> 대손충당금은 법인세법상 설정한도가 있다.

그 이유는 사외적립하여 전직원이 안전하게 지급이 보장되는 퇴직연금제도를 장려하기 위해서이다.

NOTE

퇴직금과 관련해서는 뒤에서 『4장 근로자의 퇴직소득과 연금소득』에서 자세히 다루고 있다.

18 CASE 퇴직연금

사례연구 퇴직금추계액에 대해 손금산입이 불가능하다는 조언에 고석훈씨는 이의를 제기하고 있다. 퇴직금추계액은 결국 회사가 종업원에게 지급해야 하는 부채인데 이를 전액비용처리해 주지 않는다면 말도 안 된다는 것이다.

조언방향 법인세법에서는 퇴직금 충당금 전입액의 손금산입 대신 퇴직연금사업자가 운용하는 퇴직연금(확정급여형·확정기여형)에 가입하면 납부하는 부담금은 추가로 손금산입된다.

이론정리 및 심화학습

⁝ 확정급여형 퇴직연금

과거에 있었던 퇴직보험과 비슷한 제도로서 회사가 퇴직연금사업자(은행·보험 등의 금융기관)가 관리·운용하는 퇴직연금(확정급여형)에 가입하면 그 퇴직연금에 납부하는 부담금은 손금산입할 수 있다.

> 퇴직연금에는 확정급여형(DB)와
> 확정기여형(DC)가 있다.

이러한 퇴직연금(확정급여형)사업자가 운용한 수익률에 대한 최종책임은 회사(연우전자)에 있으므로 수익률에 따라 회사의 부담이 변동한다.
이러한 퇴직연금(확정급여형)은 「설정 후 적립금의 수준」이 각 연도 말 퇴직급여총추계액의 100%의 비율이 되어야 한다.

∷ 확정기여형 퇴직연금

확정급여형 퇴직연금은 회사가 운용수익률에 대한 책임을 지기 때문에 근로자는 퇴직금을 지급받을 때 수익률에 영향을 받지 않는다. 반면 확정기여형 퇴직연금은 근로자 개인이 자기 책임하에 자기계좌를 가지고 운용하는 퇴직연금이다. 회사는 근로자와 합의한 연간 임금총액의 1/12 이상을 퇴직연금사업자가 운용하는 근로자의 개인계좌(퇴직연금)에 매년 1회 이상 납부한다. 이렇게 확정기여형 퇴직연금에 납부하는 부담금은 전액 회사의 손금으로 인정받을 수 있다. 이러한 확정기여형 퇴직연금은 회사가 퇴직금을 매년 미리 지급하는 것과 같은 효과가 있다.

NOTE 1
『근로자퇴직급여보장법』에 의하면 회사는 기존의 퇴직금제도와 확정급여형 퇴직연금 그리고 확정기여형 퇴직연금 중에서 1개 이상을 설정하도록 하고 있다.

■ 확정기여형(DC)의 운용책임은
　근로자 개인에게 있다.

〈표 1-15〉 확정급여형과 확정기여형의 비교

구 분	확 정 급 여 형	확 정 기 여 형
내 용	운용결과에 대한 위험을 회사가 부담	근로자 개인의 책임하에 개인계좌로 운용
회사부담금	운용수익률에 따라 달라짐	근로자 개인의 연간임금총액의 1/12 이상에서 노사 간 결정함
지급시⁽주⁾	연금 또는 확정된 일시금	연금 또는 일시금

(주) 퇴직연금을 일시금으로 수령하는 경우에는 퇴직소득으로 과세하고 연금으로 수령하는 경우에는 연금소득으로 과세한다.

NOTE 2

기업회계기준에서는 퇴직급여총추계액 전부를 부채로 계상하도록 하고 있다. 따라서 당해연도에 퇴직급여충당금 잔액이 퇴직급여총추계액에 미달하는 경우에는 그 미달액을 전액 비용으로 인식할 수 있다.

19 CASE 벌과금과 공과금

사례연구   고석훈씨와 영업관리부장인 이만수 부장은 얼마 전 외국에서 바이어가 한국을 방문하자 이들을 마중 나가기 위하여 회사차를 몰고 공항으로 가다 교통사고가 나서 교통사고벌과금을 물게 되었다. 다행히 회사에서는 업무를 위한 일이었기 때문에 회사가 벌과금을 부담하였다. 고석훈씨는 법인세법상 이러한 교통사고벌과금도 회사의 손금으로 인정되는지에 대해 궁금해하고 있다.

조언방향   손금산입되지 않는다. 벌금, 과료(통고처분에 따른 벌금 또는 과료상당액 포함) 과태료, 강제징수비 등 징벌적 성격의 지출비용은 손금에 산입하지 않는다.

이론정리 및 심화학습

••• 위와 같이 교통사고벌과금과 같은 징벌적 성격의 비용에 대해서 손금불산입한다면 공과금에 대해서는 어떻게 되는지 고석훈씨는 궁금해하고 있다. 즉, 교통유발부담금(도시교통정비촉진법에 의한)이나 도로교통안전협회에 기금으로 납부하는 분담금 등에 대해서는 손금으로 인정이 될까?

■ 벌과금과 법령불이행 제재금은
■ 법인세법상 손금불산입한다.

공과금이란 조세 이외의 강제적 부담금을 말한다. 이러한 공과금은 원칙적으로 손금에 산입한다. 그러나 법령에 따라 의무적으로 납부하는 것이 아닌 임의출연금 등과 법령위반 등에 따른 폐수배출부담금 등의 제재적 성격의 것은 손금산입되지 않는다.

〈표 1-16〉 벌과금·공과금의 손금산입여부

구 분	내 용
벌과금 등	손금불산입
일반적인 공과금 (개발부담금, 교통유발부담금 등)	손금산입
임의출연금과 법령불이행 제재금 (폐수배출부담금 등)	손금불산입

20 기부금

사례연구   (주)연우전자에서는 태풍으로 인해 엄청난 피해를 입은 이재민을 위해 10억원의 성금을 기탁했으며 장학재단인 고윤장학재단(高允奬學財團)에 8억원을 기부하였다. 고석훈씨는 이렇게 사회적으로 좋은 일을 하는데 기부한 기부금에 대해서는 한도 없이 전액 손금산입되는지에 대해 문의하고 있다. (주)연우전자의 당해연도 소득금액은 110억원이다.

조언방향   법인의 기부금에 대해서는 일정한 범위 내에서 손금산입을 허용하고 있다. 이재민을 위한 구호금품은 특례기부금으로서 법인의 당해연도 소득금액의 50%를 한도로 손금산입이 허용되며 장학재단에 기부한 기부금은 일반기부금으로 당해연도 소득금액의 10%를 한도로 손금산입된다.

이론정리 및 심화학습

기부금의 종류

(1) 특례기부금(50% 한도 기부금)

국방헌금과 이재민구호금품 등의 특례기부금은 당해연도 법인소득금액

■ 법인의 기부금은 일정범위 내에서 손금산입한다.

의 50%를 한도로 손금산입한다.

(2) 일반기부금(10% 한도 기부금)

장학재단 등 사회복지·문화·예술·교육·종교·자선·학술 등 공익목적으로 하는 단체에 지출하는 일반기부금은 당해연도 법인소득금액^(주)의 10%를 한도로 손금산입한다.

(주) 이때 소득금액은 기준소득금액에서 특례기부금을 차감한 금액이다.

(3) 그 외 기부금

특례, 일반기부금 외의 기부금은 전액 손금불산입된다.

〈표 1-17〉 기부금과 손금산입

기부금 종류	손금산입 내용
50% 한도 기부금(특례기부금)	소득금액의 50%
10% 한도 기부금(일반기부금)	소득금액의 10%
그 외 기부금	전액 손금불산입

(주) 사회적기업은 20%, 우리사주조합기부금은 30%

법인세법에서는 기부금을 분류하여 한도를 규정한다.

• • • (주)연우전자의 이재민을 위한 성금 10억원과 장학재단에 대한 기부금 8억원은 얼마나 손금산입이 가능할까?

50% 한도 기부금(특례기부금)인 이재민성금 10억원

특례기부금의 손금산입한도가 (주)연우전자의 당해연도 소득금액인 110억원의 50%인 55억원이 한도이다. 따라서 전액 손금 산입된다.

| 특례기부금 한도액 55억원 | = | 법인소득금액(주) 110억원 | × | 50% |

(주) 기준소득금액 – 이월결손금(기준소득금액의 80% 한도)공제액

10% 한도 기부금(일반기부금)인 고윤장학재단 기부금 8억원

그러나 일반기부금은 한도가 법인소득금액에서 특례기부금 손금산입액을 차감한 금액의 10%만 손금산입되기 때문에 한도는 10억원이다.

| 일반기부금 한도액 10억원 | = | 법인소득금액(주1) (110억원-10억원(주2)) | × | 10% |

(주1) 일반기부금 한도액 계산시 법인소득금액은 기준소득금액에서 특례기부금을 차감한 금액으로 한다.
(주2) 특례기부금 손금산입금액이다.

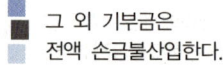
그 외 기부금은 전액 손금불산입한다.

일반기부금의 한도액은 10억원이므로 (주)연우전자가 고윤장학재단에 기부한 일반기부금 8억원은 전액 손금산입된다.

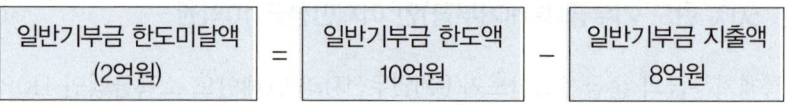

따라서 (주)연우전자의 경우 특례기부금 10억원과 일반기부금 8억원이 전액 손금산입된다.

NOTE

특례기부금과 일반기부금의 한도초과액은 10년간 이월공제 가능하다.

21 CASE 지급이자 손금불산입

사례연구 고석훈씨의 고등학교 동창으로 중소기업에 근무하고 있는 이명준씨는 자신의 회사는 자금사정이 너무 어렵고 제도권 금융기관에서는 정상적인 대출이 어려워 사채(私債)시장에서 고리(高利)의 사채를 빌려 쓰고 있다고 한다. 그런데 이러한 사채의 경우 빌려주는 사채업자가 자신의 명의가 드러나는 것을 극도로 꺼려하기 때문에 사채이자 지급시 지급받는 사채업자를 명시할 수 없다고 하소연하면서 이러한 채권자가 불분명한 사채이자는 손금불산입이 되지 않을지 걱정하고 있다.

조언방향 그렇다. 채권자가 불분명한 사채이자는 손금에 산입하지 않는다. 그 이유는 사채업자의 음성적인 이자소득을 양성화하여 과세하기 위한 것과 회사가 가공의 채무자를 내세워 이자지급을 이유로 소득금액을 부당히 감소시키는 것을 방지하기 위해서이다.

■ 법인의 지급이자 중에는
  손금불산입하는 것도 있다.

이론정리 및 심화학습

⋮ 지급이자 손금불산입

차입금에 대한 지급이자는 원칙적으로 손금산입하는 것이 원칙이다. 그러나 법인세법상 다음의 지급이자에 대해서는 손금산입하지 않는다.

① 채권자 불분명 사채이자
② 비실명 채권·증권이자
③ 건설자금이자
④ 업무무관자산 등에 대한 지급이자

업무무관자산 관련 지급이자

사례연구 (주)연우전자는 인천 송도 부근에 대규모 개발 예정인 토지가 매물로 나오자 급히 은행에서 대출을 받아 토지를 취득하였다. 회사는 이곳에 세계적인 경쟁력 확보를 위한 기술연구소와 연수원을 건립할 것을 고려 중이다. 그러나 불행히도 구입한 토지가 법인세법상 업무무관자산으로 판정받았다. 고석훈씨는 이러한 업무무관자산과 관련하여 세법상 불이익은 무엇이 있는지 문의하고 있다.

조언방향 회사의 자산이 업무무관자산으로 판정된 경우에는 이와 관련한 차입금에 대한 지급이자와 관련비용 등을 손금불산입한다. 다음의 심화학습에서 자세히 살펴보자.

이론정리 및 심화학습

⁚⁚ 업무무관자산

업무무관자산이란 법인의 업무와 직접 관련이 없다고 인정되는 다음의 자산을 말한다.

■ 업무무관자산과 관련한
  지급이자는 손금불산입한다.

---

① 법인의 업무에 직접 사용하지 않는 부동산
② 서화와 골동품(장식·환경미화용 제외)
③ 업무에 직접 사용하지 않는 자동차·선박 및 항공기
④ 기타 해당 법인의 업무에 직접 사용하지 않는 자산

손금불산입되는 지급이자 계산

••• (주)연우전자의 업무무관자산으로 판정받은 구입토지는 40억원이며 회사의 총차입금은 100억원이다. 그리고 회사가 올해 지급한 총지급이자는 8억원이다. 이런 경우 업무무관자산인 토지로 인한 지급이자 손금불산입액은 얼마일까?

손금불산입되는 지급이자는 다음 계산과 같이 3억 2,000만원이다.

$$\text{손금불산입 지급이자} = 8억원(총지급이자) \times \frac{40억원(업무무관자산가액)}{100억원(회사의 총차입금)}$$

$$= 3.2억원$$

지급이자 손금불산입

다음의 지급이자는 손금불산입한다.

① 채권자 불분명 사채이자
   채권자가 불분명한 사채이자는 손금에 산입하지 않는다. 이에 따라

채권자불분명 사채이자와
비실명채권(증권) 이자도 손금불산입한다.

사채시장 등 지하자본시장에서 조달한 자금에 대한 부담이 커지게 된다.

② 비실명 채권·증권이자

이자소득에 해당하는 채권·증권의 이자 중 지급받은 자가 불분명한 것은 손금으로 인정하지 않는다.

③ 건설자금이자

건설자금이자란 회사가 자산의 건설·제조 등에 소요되는 차입금에서 발생하는 이자를 말하는데 이러한 건설자금이자는 손금으로 산입하지 않고 자산의 취득원가에 합산해야 한다.

④ 업무무관자산 등에 대한 지급이자

앞에서 살펴본 것처럼 업무무관자산에 대한 지급이자도 손금에 산입하지 않는다.

CASE 23 가지급금 인정이자

사례연구   (주)연우전자에서는 이만수 부장에 대해 자녀학자금 2,000만원을 무이자로 대여해주고 있다. 그리고 고석훈씨의 직장 선배인 이대형 대리는 이번에 결혼하면서 회사로부터 최장 3년간 전세자금 5,000만원을 1%의 저율이자로 대출받았다. 고석훈씨는 자신도 빨리 결혼해서 전세자금을 대출받고 싶어 하고 있다. 이처럼 회사가 임직원에게 무상 또는 저율의 이자로 대출해주는 경우 법인세법상 아무런 문제가 없을까?

조언방향   문제가 있다. 법인세법상 '부당행위계산부인' 규정에 의해 회사가 특수관계자에게 금전을 무상 또는 시가보다 낮은 이율로 대출해준 경우 시가로 계산한 이자와 실제 수령한 이자와의 차액을 익금으로 산입하여 법인세 과세대상이 된다.

업무무관 가지급금에 대해서는
인정이자를 계산해 익금산입한다.

이론정리 및 심화학습

⦙ 가지급금

위의 경우처럼 임직원에게 무상으로 주택구입자금이나 전세자금을 대출해주는 금액은 업무무관 가지급금으로 보는데 가지급금이란 명칭에 불구하고 법인의 업무와 관련 없는 자금의 대여액을 말한다.

⦙ 가지급금에 대한 인정이자

법인이 특수관계자에게 업무와 무관한 가지급금을 대여한 경우 적정한 이자를 받아야 하며 이에 미달하는 이자를 받거나 무상으로 대여한 경우에는 인정이자라 하여 적정한 이자를 계산하여 익금에 산입한다. 단, 중소기업의 직원에 대해서는 주택자금·전세자금 대여액은 인정이자 대상에서 제외한다.

(1) 연우전자가 대기업인 경우

••• 고석훈씨는 이만수 부장과 직장선배인 이대형씨의 경우 얼마의 인정이자를 계산하여 익금산입하는지 궁금해하고 있다.

인정이자는 대여금(가지급금)에 대해 인정이자율^(주)을 곱하여 계산한다.
(주) 인정이자율은 회사차입금의 가중평균차입이자율을 적용한다.

■ 인정이자율은 회사차입금의
가중평균 차입금이자율을 적용한다.

••• 이러한 설명에 고석훈씨가 경리과에 문의하였더니 (주)연우전자의 차입금 가중평균이자율이 8%라고 한다. 이런 경우 1년간 익금산입되는 인정이자는 얼마일까?

① 이만수 부장의 경우

가지급금 인정이자=2,000만원×8%=160만원

② 이대형씨의 경우

가지급금 인정이자=5,000만원×8%−50만원[주]=350만원

[주] 이대형씨에게서 회사가 받은 이자 50만원(= 5,000만원 × 1%)이다.

(2) 연우전자가 중소기업인 경우

중소기업의 경우 직원에 대한 주택구입 또는 전세자금의 대여는 인정이자 계산대상 가지급금으로 보지 않는다.

24 CASE 판매손익의 귀속시기

사례연구   (주)연우전자에서는 이번에 30억원 규모의 신제품을 (주)남수에 납품하기로 한 매출계약을 성사시켰다. 올해 12월 2일 회사는 30억원의 신제품을 거래회사인 (주)남수에 인도하였다.
그리고 다음해 1월 10일 대금청구서를 매출처에 보냈고 (주)남수는 2월 9일에 대금 30억원을 지급하였다. 고석훈씨는 법인세법상 매출을 올해에 인식해야 하는지 아니면 대금을 청구하고 회수한 다음해에 인식해야 하는지 궁금해하고 있다.

조언방향   법인세법에서는 제품의 경우 인도한 날에 매출로 인식하도록 규정하고 있다. 이를 인도기준이라고 한다. 따라서 (주)연우전자는 올해의 매출로 인식해야 한다.

이론정리 및 심화학습

::: 권리의무 확정주의

법인세법에서는 판매손익의 귀속시기 결정은 '권리·의무 확정주의'에 의한다. 즉, 각 사업연도의 익금과 손금의 귀속사업연도는 그 익금과 손금

■ 법인세법상 판매손익의 귀속시기는
■ 권리·의무 확정주의(인도기준)에 의한다.

이 확정된 날이 속하는 사업연도로 한다. 상품·제품 등의 매출시 '권리·의무 확정주의'에 의한 수익인식시기는 인도기준에 의한다.

●●● 그렇다면 회사에서 공장을 이전하기 위하여 공장부지를 건설회사에게 양도했다면 언제를 수익인식시기로 볼 것인가?

부동산의 양도시에는 그 양도대금을 실제로 청산한 날에 수익을 인식하는 것을 원칙으로 하고 있다.

●●● 만일 위의 경우 양도대금을 받기 전에 부동산의 소유권이전등기를 넘겨준 경우에는 어떻게 될까?

대금청산 전에 소유권이전등기를 넘겨준 경우에는 소유권이전등기일을 수익인식시기로 본다.

〈표 1-18〉 손익 인식시기

구 분		손익 인식시기
상품·제품 등의 판매		상품 등을 인도한 날
부동산 등의 양도	원 칙	대금을 청산한 날
	예 외	대금청산 전 소유권이전등기를 한 경우 : 소유권이전등기일

25 CASE 보험차익

사례연구 (주)연우전자의 공장에서 중요한 기계장치인 Swing Machine[장부가액 : 20억원(=취득가액 35억원 - 감가상각누계액 15억원)]이 화재로 인해 소실되었다. 다행히 회사는 보험에 가입해 놓아 30억원의 보험금을 수령하였다. 그런데 수령한 보험금은 30억원인데 Swing Machine의 장부가액은 20억원이어서 10억원의 보험차익이 발생하였다. 고석훈씨는 이러한 보험차익을 법인세법상 익금으로 산입하여 법인세를 과세하는지 궁금해하고 있다. 대체 구입하려는 신규 Swing Machine도 30억원이어서 만일 보험차익에 대해 과세한다면 수령보험금만으로는 새 기계장치를 구입할 수 없다고 말하고 있다.

조언방향 위와 같은 경우 보험차익은 새 기계장치를 구입하는 당해연도에는 과세하지 않는다. 다음의 심화학습에서 살펴보자.

■ 보험차익으로 동일자산 구입시
  당해연도에는 과세하지 않는다.

이론정리 및 심화학습

보험차익

보험차익이란 보험에 가입된 회사자산의 보험사고로 인해 수령한 보험금이 자산의 장부가액을 초과하는 경우 그 초과금액을 말한다.

$$보험차익 = 수령\ 보험금 - 자산의\ 장부가액$$

보험차익 과세여부

원칙적으로 보험차익은 법인세법상 과세되는 익금으로 산입한다. 그러나 법인이 고정자산의 멸실 등으로 인해 보험금을 지급받아 그 멸실한 자산과 동일한 종류의 자산을 취득한 경우에는 그 취득에 사용된 보험차익부분에 대해서는 손금산입할 수 있다. 이에 따라 결과적으로 당해연도에 과세를 하지 않게 된다.

26 CASE 법인의 부동산 양도

사례연구 고석훈씨의 대학선배인 (주)연우전자 전략기획실의 이교묘씨는 최근 들어 부동산가격이 하락하자 투자 차원에서 부동산을 구입했다가 부동산가격이 급등하면 매각할 것을 제안하고 있다. 이교묘씨의 생각으로는 법인세율은 10%에서 25%로 개인의 양도소득세율 중 최고세율인 45%보다 낮기 때문에 법인이 부동산투자를 하는 것이 개인보다 유리하다는 주장이다. 고석훈씨는 이교묘 선배의 말에 과연 법인이 부동산을 양도하면 개인보다 유리한지에 대해 문의하고 있다.

조언방향 법인의 정상적인 부동산 거래는 경우에 따라 개인보다 유리할 수 있다. 그러나 법인이 주택이나 지가급등지역의 토지를 양도하거나 미등기 부동산을 양도하는 경우에는 법인세외에 부동산 양도소득에 대한 법인세를 추가로 납부해야 한다.

■ 법인의 부동산양도시 양도소득에
  대한 법인세를 추가 납부해야 한다.

이론정리 및 심화학습

⁝ 토지 등 양도소득에 대한 법인세

법인이 다음에 해당하는 토지 및 건물을 양도한 경우에는 아래의 세액을 토지 등 양도소득에 대한 법인세로 일반법인세액에 추가하여 납부하여야 한다.

〈표 1-19〉 양도소득에 대한 법인세

구 분	세 율
주택·별장	20%(미등기 40%)
비사업용 토지	10%(미등기 40%)
조합원 입주권 및 분양권	20%

결손금의 이월공제와 소급공제

사례연구 (주)연우전자의 기획조정실에서는 내년에는 경기불황의 여파로 적자가 날 수도 있다는 최악의 전망을 내놓고 있다. 이러한 소식을 전해들은 고석훈씨는 회사가 만일 적자가 나서 결손금이 생기면 이러한 결손금은 어떻게 하는지 문의하고 있다. 즉, 결손이 발생하면 이전에 납부했던 법인세를 돌려주는지 아니면 다음해에 이익이 나면 그 이익에서 차감하여 세금을 적게 내는 것으로 보상되는지에 대한 질문이다.

조언방향 원칙적으로 법인의 결손금은 다음해로 이월되어 이월결손금이 된다. 이러한 이월결손금은 다음해부터 15년 이내의 법인소득에서 공제할 수 있다. 그리고 중소기업의 경우에는 특례에 의해 직전년도 납부한 법인세에서 환급받을 수 있다.

■ 법인의 이월결손금은
■ 15년간 공제가능하다.

이론정리 및 심화학습

⁝ 이월결손금 공제

법인의 손금총액이 익금총액을 초과하면 결손금이 발생하는데 이러한 결손금은 내년 이후 15년 이내의 법인소득에서 공제할 수 있다. 그러나 법인세 과세표준을 추계결정·경정하는 사업연도가 있으면 그 사업연도에는 이월결손금을 공제받을 수 없다.

⁝ 결손금 소급공제

중소기업은 사업연도에 결손금이 발생한 경우 직전연도에 납부한 법인세에서 환급을 신청할 수 있다.

NOTE

연간 이월결손금 공제한도는 각 사업연도 소득금액의 80%(중소기업 등은 100%)이다.

CASE 28 신고납부와 가산세

사례연구 고석훈씨가 근무하는 (주)연우전자의 결산일은 일반 회사들처럼 12월 말인데 하청업체인 (주)대동의 결산기말은 3월 말이라고 한다. 고석훈씨는 이처럼 회사마다 결산기를 달리할 수 있는지 궁금해하면서 법인세는 언제까지 신고납부하면 되는지, 그리고 신고·납부를 하지 않으면 부과되는 가산세는 어떤 것이 있는지에 대해 문의하고 있다.

조언방향 사업연도는 회사의 정관에 의해 자유롭게 정할 수 있다. 따라서 언제를 결산기말로 할 것인가는 전적으로 회사의 의지에 달려 있다. 하지만 사업연도가 1년을 초과해서는 안 된다. 그리고 법인세 신고·납부는 회사의 각 결산기말 이후 3월 이내에 하면 된다. 아래의 심화학습에서 자세히 살펴보자.

■ 법인세 신고시 필수적 첨부서류를
제출하지 않으면 무신고로 본다.

이론정리 및 심화학습

제출서류

회사는 결산기말로부터 3월 이내에 세무서에 법인세 과세표준과 세액을 신고해야 하는데 반드시 다음의 서류를 첨부해야 한다. 이러한 필수적 첨부서류를 제출하지 않으면 무신고로 본다.

〈표 1-20〉 법인세 신고시 첨부서류

구 분	종 류
필수적 첨부서류	재무상태표 포괄손익계산서 이익잉여금처분계산서 (또는 결손금처리계산서) 세무조정계산서

법인세의 분납

납부세액이 1,000만원을 초과하는 경우에는 다음의 금액을 납부기한 경과 후 1개월(중소기업은 2개월) 이내에 분납할 수 있다.

법인세를 신고하지 않거나
과소신고한 경우에는 가산세가 있다.

〈표 1-21〉 법인세 분납

납부세액	분납금액
1,000만원 초과~2,000만원 이하	1,000만원 초과금액
2,000만원 초과	50% 이내 금액

가산세

법인세 관련 중요 가산세인 무신고(무기장)가산세와 과소신고가산세는 다음과 같다.

〈표 1-22〉 무신고(무기장)·과소신고 가산세

종 류	가 산 세 액
부정무신고	MAX(부정무신고세액×40%, 수입금액×0.14%)
일반무신고	MAX(일반무신고세액×20%, 수입금액×0.07%)
부정과소신고	MAX(부정과소신고세액×40%, 수입금액×0.14%)
일반과소신고	신고산출세액×10%

외국납부 세액공제

사례연구 (주)연우전자는 미국 시카고에 지사(支社)를 두고 있다. 그런데 고석훈씨는 미국지사에서 벌어들인 소득에 대해서도 한국 국세청에 신고해야 하는지 궁금해하고 있다. 만일 미국지사(支社)의 소득을 합산해서 한국 국세청에 신고해야 한다면 미국지사는 미국 국세청에 한화(韓貨)로 10억원 상당의 세금을 이미 납부했기 때문에 이중과세가 될 것이라고 생각하고 있다.

조언방향 미국지사(支社)의 소득은 당연히 (주)연우전자의 법인세 신고시 합산해서 한국 국세청에 신고해야 한다. 그리고 이렇게 합산하여 계산한 법인세 산출세액에서 미국 국세청에 납부한 세금(10억원)을 공제해준다. 이를 외국납부세액공제라고 한다.

외국에서 납부한 세액은
외국납부세액으로 공제해 준다.

이론정리 및 심화학습

⠇ 내국법인의 법인세 납세의무

내국법인은 국내외 모든 소득에 대해 한국 국세청에 법인세 납세의무가 있다. 따라서 내국법인이 해외지사 등을 통해 국외에서 소득을 올리면 우리나라와 해당국가에 법인세를 동시에 부담해야 한다.

⠇ 외국납부 세액공제

이렇게 국내외 모든 소득에 대해 합산하여 계산한 법인세에서 외국에서 납부한 세액을 공제해 주는 외국납부세액은 다음의 금액을 한도로 한다.

$$공제한도 = 법인세\ 산출세액^{(주)} \times \frac{국외원천소득}{과세표준}$$

(주) 토지 등의 양도소득에 대한 법인세는 제외한다.

비영리법인에 대한 법인세

사례연구   알찬은행 이혜연씨의 여고동창인 최순덕씨는 적강(謫降)장학재단에 근무하고 있다. 그런데 장학재단의 재원이 고갈되어 가자 그동안 장학재단본부로 사용하던 건물 일부를 임대 주려고 하고 있다. 최순덕씨는 비영리법인이 이러한 임대료소득이 있는 경우 법인세 과세대상인지 문의하고 있다. 그동안 적강장학재단의 수입원은 알찬은행에 예치해 놓은 출연금에 대한 이자소득뿐이다.

조언방향   비영리법인이라고 하더라도 법인세법상 수익사업으로 규정된 사업에서 발생한 소득에 대해서는 원칙적으로 법인세 납세의무가 있다. 건물의 임대소득은 물론이고 이자소득도 원칙적으로 법인세가 과세되는 수익사업에 속한다. 그러나 고유목적사업준비금에 의해 법인세를 감면해 주는 제도가 있다.

비영리법인도 수익사업에
대해서는 과세한다.

이론정리 및 심화학습

⫶ 비영리법인의 범위

비영리법인이란 학술·종교·자선 등 영리가 아닌 사업을 목적으로 하는 다음에 해당하는 법인을 말한다.

① 민법 제 32조에 의해 설립된 법인
② 사립학교법 등 특별법에 의해 설립된 법인으로 ①과 유사한 목적을 가진 법인
③ 법인으로 보는 단체

⫶ 비영리법인의 법인세 과세범위

비영리법인도 법인세법에서 규정하고 있는 다음의 수익사업에서 생기는 소득이 있으면 과세한다.

① 사업소득
② 이자소득
③ 배당소득
④ 주식 등의 양도로 인한 수입
⑤ 고정자산처분이익 (다만 고유목적사업에 3년 이상 직접 사용한 고정자산처분이익은 제외)

■ 비영리법인의 고유목적사업 준비금은
  손금산입한다.

⑥ 채권매매익

따라서 적강장학재단의 임대료수입(사업소득)과 이자소득은 원칙상 법인세 과세대상이다.

고유목적사업 준비금

비영리법인이 그 법인의 고유목적사업(적강장학재단의 경우에는 장학사업)을 위해, 또는 일반기부금에 지출하기 위해 고유목적사업 준비금을 계상한 경우 다음의 금액을 손금으로 인정해준다.

〈표 1-23〉 고유목적 사업준비금 설정 한도

구 분	설정가능 범위액
이자소득·배당소득	100%
수익사업소득(주)	50%(또는 80%, 100%)

(주) 이자·배당소득과 이월결손금 등은 제외함

따라서 이자소득에 대해 법인세신고시 고유목적사업 준비금을 설정하면 이자소득 지급받을 때 원천징수된 금액을 환급받을 수 있다.

●●● 최순덕씨의 친구인 황병만씨가 근무하는 연방장학재단의 경우 출연금잔액이 거의 없어 매년 기부금으로 근근이 유지하고 있다. 따라서 출연금에 대한 이자소

> 비영리법인은 이자소득에 대해 선택적 분리과세를 적용한다.

득은 매년 300만원 정도에 불과한데 이러한 경우에도 이자소득은 과세되는 수익사업이니까 법인세신고를 해야 할까?

비영리법인은 이자소득에 대해 법인세신고를 하지 않고 원천징수(15.4%)에 의해 납세의무종결을 선택할 수 있다. 따라서 이자소득이 많지 않아 원천징수금액이 적은 비영리법인의 경우에는 이자소득에 대해 법인세신고를 하지 않는 경우가 대부분이다.

법인세

1. 법인세율

법인세는 법인이 얻은 소득에 대해 부과되는 조세로 법인세율은 2억원 이하 9%, 2억원 초과 19%, 200억원 초과 21%, 3,000억원 초과 24%이다.

2. 접대비

(1) 3만원을 초과하는 접대비 지출의 경우 신용카드 등의 사용증빙이 있어야 하지만 접대비로 보는 경조금은 20만원을 초과하는 경우에만 적격증빙이 필요하다.

(2) 접대비 한도액은 다음의 ①과 ②를 합한 금액으로 한다.
SUM(①, ②)
① 1,200만원(중소기업 3,600만원)
② 수입금액×적용률

3. 인건비

법인세법상 일반급여는 임직원 모두 전액 손금산입한다. 그러나 상여금의 경우 임원은 급여지급기준한도 내의 금액만을 손금산입할 수 있다.

4. 복리후생비

법인이 임직원을 위하여 지출한 복리후생비는 사회통념상 타당하다고 인정되는 범위 내에서 지급하는 경우에만 손금으로 인정된다.

5. 감가상각비

(1) 감가상각이란 유형자산의 구입금액을 합리적인 방법에 의해 비용으로 배분하는 과정을 말한다. 이러한 감가상각방법에는 정액법과 정률법이 있다.

(2) 법인세법상 감가상각은 강제상각이 아닌 임의상각제도이다.

(3) 내용연수의 의미
  법인세법상 유형자산의 내용연수에 따른 상각계산액은 당해연도 상각할 수 있는 최고한도액을 의미한다.

(4) 즉시상각의제
  취득가액이 거래단위별로 100만원 이하인 감가상각자산의 경우에는 그 자산을 사업에 사용한 사업연도에 손금으로 계산하면 전액 손금산입한다.

6. 유가증권 평가

법인세법상 유가증권은 원가법에 의해 평가한다.

7. 세무조정

회사는 기업회계기준에 의해 재무제표를 작성하지만 법인세는 법인세법에 의한 규정에 의해 납부해야 한다. 따라서 기업회계기준에 의해 작성한 당기순이익과 법인세법상 소득금액은 차이가 있다. 이러한 차이를 조정하는 것을 세무조정이라고 한다.

8. 재고자산

법인세법상 재고자산평가방법은 원가법과 저가법 중에서 선택할 수 있으며 파손·부패 등으로 인하여 가치가 떨어진 재고자산은 재고자산감모손으로 손금산입할 수 있다.

9. 이자수익의 귀속시기

법인세법상 이자소득은 실제로 이자를 지급받는 날이 속하는 사업연도에 익금으로 인식한다. 따라서 기간경과이자에 대한 미수수익은 인식하지 않는다.

10. 이자비용의 귀속시기

이자비용도 실제로 지급한 날이 속하는 사업연도에 손금으로 산입한다. 그러나 이자비용의 경우에는 이자수익과 달리 기간경과분에 대해 회사가 비용으로 계상한 경우에는 특례규정에 의해 손금으로 산입한다.

11. 대손충당금

외상매출금 등 채권의 대손에 충당하기 위한 대손충당금은 설정대상 채권잔액에 다음의 대손율을 곱한 금액을 한도로 설정할 수 있다.
대손율 : MAX (①, ②)
① 채권잔액의 1%
② 대손실적률=해당 사업연도의 대손금÷직전사업연도의 대손충당금 설정대상 채권잔액

12. 퇴직급여충당금

법인세법상 퇴직급여충당금의 손금산입한도액은 다음 ①과 ② 중에서 적은 금액으로 한다.(2016년부터 일정비율 0%임)
MIN(①, ②)
① 퇴직급여추계액×일정비율−당기말 퇴직급여충당금 잔액
② 당기에 임직원에게 지급한 총급여액×5%

13. 벌과금과 공과금

개발부담금 등 일반적인 공과금은 손금산입한다. 그러나 임의출연금과 법령불이행제재금 그리고 벌과금 등은 손금불산입한다.

14. 기부금

(1) 50% 한도(특례)기부금 : 법인소득금액의 50%를 한도로 손금산입

(2) 10% 한도(일반)기부금 : 법인소득금액의 10%를 한도로 손금산입
(3) 그 외 기부금 : 전액 손금불산입

15. 지급이자 손금불산입

차입금에 대한 지급이자는 원칙적으로 손금산입하는 것이 원칙이다. 그러나 다음의 지급이자에 대해서는 손금산입하지 않는다.

① 채권자 불분명 사채이자
② 비실명 채권·증권이자
③ 건설자금이자
④ 업무무관자산 등에 대한 지급이자

16. 가지급금 인정이자

법인의 임직원에게 업무와 관련 없이 금전을 대여해주는 경우 적정한 이자를 받아야 하며 이에 미달하는 이자를 받거나 무상으로 대여한 경우에는 인정이자를 계산하여 익금에 산입한다.

17. 판매손익의 귀속시기

법인세법상 판매손익의 귀속시기결정은 권리의무확정주의에 의한다.

18. 법인의 부동산양도

법인이 부동산을 양도하는 경우 법인세 외에 부동산양도소득에 대

한 법인세를 추가로 납부해야 한다.

19. 결손금 이월공제와 소급공제

법인의 이월결손금은 15년간 공제가능하다. 그리고 중소기업의 경우 특례규정에 의해 결손이 발생한 연도의 직전사업연도에 납부한 법인세에서 환급받을 수 있다.

20. 법인세 신고·납부

법인세 신고·납부는 결산기말 이후 3월 이내이다.

21. 비영리법인에 대한 법인세

(1) 과세원칙

비영리법인도 법인세법에서 규정한 수익사업을 영위하는 경우에는 법인세 납세의무가 있다.

(2) 고유목적사업준비금

비영리법인이 그 법인의 고유목적사업 또는 일반기부금에 지출하기 위하여 고유목적사업준비금을 계상한 경우 비영리법인의 금융소득(이자소득과 배당소득)의 100%와 수익사업소득의 50%(또는 80%, 100%)를 손금으로 산입한다.

02

직장인의 근로소득과 연말정산

고석훈(高碩勳)씨의 입사동기로 (주)연우전자 인사·총무부에 근무하는 유재욱(俞在旭)씨는 자신이 현재 맡은 업무는 인사담당이지만 순환보직에 의해 올해 가을쯤 급여관리를 담당할 예정이다. 평소 미래에 대한 준비가 철저한 유재욱씨는 근로소득과 관련한 세금에 대해 미리 학습해 두고자 한다. 유재욱씨를 통해 근로소득에 대한 세금에 대해 알아보자.

1 CASE 근로소득의 범위

사례연구 (주)연우전자 본사 정문에서 성실히 경비로 근무하는 이성실씨는 이번에 아들이 원하던 대학에 입학함에 따라 등록금 걱정이 태산이다. 그런데 평소 성실한 이성실씨를 잘 알고 있던 사장님의 지시로 회사에서 학자금 300만원을 지원받았다.

그리고 학자금 외에도 100만원을 특별상여로 지급받았다. 이러한 사실을 전해들은 인사부의 유재욱(俞在旭)씨는 학자금지원도 근로소득으로 보아 근로소득세를 원천징수하는지 궁금해하고 있다.

조언방향 종업원이나 종업원자녀가 회사에서 받는 장학금 등도 근로소득으로 보기 때문에 이성실씨가 지급받은 학자보조금도 과세대상이다. 그리고 근로의 대가로 받는 것이면 봉급·급료·보수·임금·상여·수당 등의 명칭이나 형식 여하에 불구하고 모두 근로소득으로 본다. 따라서 이성실씨가 받은 특별상여도 당연히 근로소득에 포함한다.

종업원이나 종업원자녀가 받는
장학금도 근로소득으로 본다.

이론정리 및 심화학습

⁝ 근로소득

근로소득이란 근로계약에 따라 비독립적인 지위에서 근로를 제공하고 받는 대가를 말한다. 근로소득의 판정은 지급방법·명칭·형식에 상관없이 근로제공의 대가인지를 기준으로 판단한다.

••• (주)연우전자 구미공장에서는 신입직원들에게 사택을 제공하거나 아니면 무상으로 전세자금을 3,000만원까지 대출해주고 있다. 이렇게 사택을 제공받거나 전세자금을 무상으로 대출받는 경우 근로소득으로 과세가 될까?

출자임원이 아닌 임직원(소액주주인 임원 포함)에 대한 사택무상제공 이익은 근로소득으로 보지 않지만 전세자금을 무상 또는 적정이자율(국세청장 고시 인정이자율)보다 낮은 이자율로 대출해준 경우에는 근로소득으로 과세한다.

〈표 2-1〉 사택제공과 전세자금 무상대여

구 분	사택제공이익	전세자금 무상대여
출자임원	근로소득	근로소득[주 2]
비출자임원[주 1]	근로소득 아님	
직 원		

(주 1) 비상장법인, 상장법인 소액주주 임원을 포함한다.
(주 2) 중소기업의 직원(종업원)의 주택구입·전세자금의 무상대여로 인한 이익은 근로소득에서 제외한다.

■ 임원에 대한 전세자금 무상대여도
■ 근로소득세 과세대상이다.

근로소득의 범위

근로소득 중 중요내용은 다음과 같다.

① 기밀비(판공비 포함)·교제비 기타 이와 유사한 명목으로 받은 것으로서 업무를 위하여 사용된 것이 분명하지 않은 금액
② 종업원이 받는 공로금·위로금·개업축하금·장학금 기타 이와 유사한 성질의 급여
③ 근로수당·가족수당·직무수당·급식수당·주택수당·피복수당 기타 이와 유사한 성질의 급여
④ 사택을 제공받음으로 인한 이익, 단 출자임원이 아닌 임직원(소액주주인 임원 포함)은 제외한다.
⑤ 종업원이 주택의 구입·임차에 소요되는 자금을 저리 또는 무상으로 대여받음으로 인한 이익(중소기업 종업원은 근로소득에서 제외)
⑥ 법인이 임원에게 지급한 퇴직급여 중 법인세법 시행령에 따라 손금에 산입되지 아니하고 지급받는 퇴직급여

일용근로자의 근로소득

일반적인 근로소득과 달리 일용근로자의 근로소득은 종합소득에 합산하지 않고 원천징수로써 납세의무를 종결한다.

법인은 근로소득 지급시
근로소득세를 원천징수해야 한다.

원천징수세액 = (1일급여액 − 근로소득공제(15만원)) × 세율(6%) − 근로소득 세액공제(산출세액의 55%)

NOTE

일용근로자란 근로계약에 따라 동일한 고용주에게 3개월 이상 계속하여 고용되어 있지 않은 사람을 말한다.

2 CASE 근로소득으로 보지 않는 것

사례연구   앞의 사례에서 종업원자녀의 학자금에 대해서도 근로소득으로 보아 과세한다는 조언을 들은 유재욱씨는 그러면 이번에 결혼한 회사동료 백남수씨에 대해 회사에서 지급한 축의금도 근로소득으로 보아 과세하는지 문의하고 있다.

조언방향   종업원에 대한 학자금지원에 대해서는 근로소득으로 과세하지만 회사가 종업원에게 지급한 경조금 중 사회통념상 타당하다고 인정되는 범위 안의 금액은 근로소득으로 보지 않는다.

이론정리 및 심화학습

⋮ 근로소득으로 보지 않는 것

① 퇴직급여로 지급하기 위해 퇴직연금으로 적립되는 급여
② 사업자가 종업원에게 지급한 경조금 중 사회통념상 타당하다고 인정되는 범위 내의 금액

> 회사가 종업원에게 지급한 사회통념상 타당한
> 경조금은 근로소득으로 보지 않는다.

● ● ● (주)연우전자에서는 이번 분기의 경영악화로 인해 보너스를 현금이 아닌 오디오세트로 지급할 것을 검토하고 있다. 노조는 반발하고 있지만 어려운 회사여건상 이를 수용할 것이라고 예상하고 있다. 유재욱씨는 보너스로 오디오세트 지급시 이를 근로소득으로 보아 근로소득세를 원천징수해야 하는지 궁금해하고 있다.

물론이다. 현물로 지급한 급여도 당연히 근로소득으로 보아 근로소득세를 원천징수해야 한다.

CASE 3 비과세 근로소득

사례연구 영업관리부 소속인 고석훈씨는 판매처 관리를 위해 회사차가 필요하다고 이만수 부장에게 지원을 요청했지만 한마디로 거절당하고 있다. 이에 고석훈씨는 다음과 같은 아이디어를 생각해 내고 있다. 즉 자신 소유의 승용차를 업무에 활용할 테니 휘발유 값 등 최소비용을 지원해 달라고 하여 승낙을 얻어냈다.

그래서 한 달에 30만원의 운용비를 지급받기로 하였다. 고석훈씨는 이런 지원 금액에 대해서도 근로소득으로 보아 과세하는지 문의하고 있다.

조언방향 자가운전보조금 중 월 20만원 이하의 금액은 비과세 근로소득이다. 이때 자가운전보조금이란 종업원의 소유차량을 종업원이 직접 운전하여 회사의 업무수행에 이용하고 시내출장 등에 소요된 경비를 해당 사업체의 정해진 지급기준에 따라 받는 금액을 말한다. 따라서 고석훈씨가 보조받는 월 30만원 중 20만원을 초과하는 10만원에 대해서는 근로소득세 과세대상이 된다.

자가운전보조금 중 월 20만원 이하의 금액은 비과세 근로소득이다.

이론정리 및 심화학습

비과세 근로소득

소득세법상 근로소득이 비과세되는 것 중에서 중요한 것은 다음과 같다.

① 일직료·숙직료 또는 여비로서 실비변상 정도의 금액
② 월 20만원 이내의 자가운전보조금
③ 학교의 교원이나 연구활동에 직접 종사하는 자 등이 받는 연구보조비 (또는 연구활동비) 중 월 20만원 이내의 금액
④ 방송·뉴스·통신·신문 등의 기자가 받는 취재수당 중 월 20만원 이내의 금액
⑤ 음식물을 제공받지 않는 근로자가 받는 월 20만원 이하의 식사대
⑥ 생산직근로자가 받는 초과근로수당
⑦ 국외(북한 포함)에서 근로를 제공하고 받는 급여 중 일정부분
⑧ 근로자(또는 배우자)의 출산이나 6세 이하 자녀의 보육과 관련하여 사용자로부터 지급받는 급여로서 월 10만원 이하의 금액

근로소득금액의 계산

사례연구 유재욱씨의 올해 연봉은 3,000만원이다. 그런데 유재욱씨는 개인사업자의 경우 사업을 위해 사용한 필요경비는 공제가 되는데 근로소득자는 왜 필요경비가 공제되지 않느냐며 따지듯 문의하고 있다. 유재욱씨는 근로소득자의 경우에도 급여를 받기 위해서 사용한 필요경비(예 : 교통비 등)가 있다는 것이다.

조언방향 근로소득에 대해서도 필요경비적 공제에 해당하는 근로소득공제를 해준다. 즉 총급여액에서 근로소득공제를 차감한 금액을 근로소득금액으로 하고 있다. 그런데 이러한 근로소득공제는 실제로 들어간 경비를 확인하기 어렵기 때문에 총급여액에 비례하여 일괄적인 공제를 해준다.

이론정리 및 심화학습

근로소득금액의 계산

근로소득금액은 총급여액에서 근로소득공제를 차감한 금액으로 한다.

근로소득금액은 총급여액에서
근로소득공제를 차감한 금액이다.

```
근로소득금액  =  총급여액  -  근로소득공제
```

⁝ 근로소득공제

근로소득공제 금액은 다음과 같다. (2,000만원 한도)

〈표 2-2〉 근로소득공제

총급여액	공제액
500만원 이하	총급여액×70%
500만원 초과 1,500만원 이하	350만원+(총급여액-500만원)×40%
1,500만원 초과 4,500만원 이하	750만원+(총급여액-1,500만원)×15%
4,500만원 초과 1억원 이하	1,200만원+(총급여액-4,500만원)×5%
1억원 초과	1,475만원+(총급여액-1억원)×2%

NOTE

일용근로자의 근로소득공제는 일(日) 15만원이다.

⁝ 유재욱씨의 근로소득금액 계산

유재욱씨의 근로소득금액을 계산하면 다음과 같이 2,025만원이 된다.

```
근로소득금액       =  총급여액      -  근로소득공제
2,025만원             3,000만원          975만원
```

5 CASE 근로소득의 수입시기

사례연구 유재욱씨의 고등학교 동창인 이동창씨는 조그만 중소기업에 근무하고 있다. 그런데 이동창씨는 경기상황의 악화로 인해 올해 11월과 12월분의 급여를 아직까지 지급받지 못하고 있다고 유재욱씨에게 하소연하고 있다. 다행히 이동창씨는 다음 해 2월 밀린 급여를 지급받았는데 유재욱씨는 이런 경우 근로소득의 수입시기는 이미 근로를 제공한 올해의 근로소득으로 보는지 아니면 급여를 실제로 지급받은 다음해의 근로소득으로 보는지에 대해 궁금해하고 있다.

조언방향 근로소득의 수입시기는 급여를 실제로 지급받은 날이 아니라 근로를 제공한 날이다. 따라서 근로를 제공한 경우에는 급여를 지급받지 않아도 근로소득의 수입시기가 도래한 것으로 본다.

이론정리 및 심화학습

• • • (주)연우전자는 이번에 직원들의 사기를 진작시키기 위해 잉여금의 처분을 통해 상여금을 지급하고자 한다. 회사는 올해 12월 주총을 열어 잉여금처분에 의한

급여의 수입시기는
근로를 제공한 날이다.

상여금 지급을 결정하였고 다음해 2월 이를 지급하였다. 이런 경우 잉여금처분을 결의한 날이 속하는 올해의 근로소득으로 보는지 아니면 지급받은 다음해의 근로소득으로 보는지 유재욱씨는 궁금해하고 있다.

잉여금처분에 따른 상여의 경우에는 해당 법인의 잉여금 처분결의일을 근로소득의 수입시기로 본다. 따라서 (주)연우전자의 잉여금 처분에 의한 상여금 지급의 경우 올해의 근로소득으로 보아 과세한다.

근로소득 수입시기

근로소득의 수입시기는 다음과 같다.

〈표 2-3〉 근로소득의 수입시기

구 분	수 입 시 기
급 여	근로를 제공한 날
잉여금 처분에 따른 상여	해당 법인의 잉여금 처분결의일
인정상여	해당 사업연도의 근로제공한 날
주식매수선택권	주식매수선택권을 행사한 날
근로소득에 해당하는 퇴직위로금 등	지급받거나 지급하기로 한 날

6 CASE 근로소득과 연말정산

사례연구 유재욱씨는 급여를 지급받을 때 일정금액을 원천징수하고 지급받는 것을 별다른 생각 없이 받아들이고 있지만 회사에서는 어떤 근거에 의해 원천징수를 하는지 궁금해하고 있다. 그리고 원천징수한 후 연말정산은 어떤 형태로 진행되는 것인지에 대해서도 문의하고 있다.

조언방향 회사는 매월 급여 등의 근로소득을 지급할 때 소득세법 시행령이 규정하고 있는 『근로소득 간이세액표』에 따라 원천징수를 한다. 그리고 다음연도 2월분 급여 지급시 연말정산을 해야 한다.

이론정리 및 심화학습

⁚⁚ 원천징수와 연말정산

회사는 급여 지급시 근로소득세를 원천징수한다. 이러한 원천징수는 1년간 매달 지급되는 급여금액이 같다는 전제하에 『근로소득 간이세액표』에 의해 결정된 징수세액을 징수한다. 그러나 근로소득 지급금액은 특별상

> 근로소득만 있는 자는 연말정산에
> 의해 납세의무가 종결된다.

여, 잔업수당 등에 의해 매달 달라질 수 있으며 또한 보험료, 의료비 등의 세액공제금액은 연말이 되어야 확정되기 때문에 1년간 원천징수한 기납부세액은 근로소득에 대해 납부해야 할 세액과 일치하지 않게 된다.

따라서 회사에서는 다음해 2월분 급여를 지급할 때 부족분이 발생하면 추가징수하고 과납분이 발생하면 환급해준다. 이를 연말정산이라고 한다.

● ● ● 이러한 조언에 품질관리부에 근무하는 이신수 부장은 연말정산에 의해 근로소득을 납부한 사람은 5월에 소득세 확정신고를 하지 않아도 되냐며 문의하고 있다. 즉 자신은 부모님께 증여받은 상가가 있어 부동산임대소득도 있는데 5월에 종합신고시 부동산임대소득만 신고하면 되는지 아니면 근로소득과 합산하여 신고해야 하는지 궁금해하고 있다.

근로소득만 있는 자는 연말정산에 의해 납세의무가 종결되기 때문에 종합신고를 할 의무가 없다. 그러나 근로소득 이외에 다른 종합소득이 있으면 5월 종합신고시 이를 합산하여 확정신고를 해야 한다. 따라서 이신수 부장은 부동산임대소득과 근로소득을 합산하여 종합신고해야 한다. 물론 2월 연말정산시 납부한 근로소득세는 기납부세액으로 종합소득산출세액에서 차감한다.

CASE 7 소득공제 (1) 본인·배우자공제

사례연구 유재욱씨가 현재 결혼을 전제로 사귀고 있는 이약지씨는 제약회사에 다니고 있다. 이들은 결혼 후에도 맞벌이를 할 예정이다. 그런데 유재욱씨는 자신과 같이 맞벌이를 하는 경우에도 근로소득세 계산시 배우자공제를 받을 수 있는지 문의하고 있다.

조언방향 배우자공제는 배우자의 연간소득금액이 100만원 이하인 경우에만 적용된다. 따라서 일반적인 맞벌이의 경우에는 배우자공제를 받을 수 없다. 자세한 내용은 심화학습에서 살펴보자.

이론정리 및 심화학습

⋮ 근로소득 과세표준

근로소득만 있는 근로자의 과세표준은 근로소득금액에서 (종합)소득공제를 차감한 금액이다.

| 근로소득과세표준 | = | 근로소득금액 | − | (종합)소득공제 |

> 인적공제에는 기본공제,
> 추가공제가 있다.

NOTE

근로소득 외의 다른 종합소득(예 : 부동산임대소득 등)이 있는 경우에는 다른 종합소득과 근로소득을 합산한 종합소득금액에서 종합소득공제를 차감한 금액이 종합소득과세표준이 된다.

소득공제

소득공제는 크게 인적공제와 물적공제로 나눌 수 있다.

〈표 2-4〉 소득공제

소득공제구분		종 류
인 적 공 제	기 본 공 제	본인공제 배우자공제 부양가족공제
	추 가 공 제	경로우대공제 장애인공제 부녀자공제
물 적 공 제		보험료 소득공제(건강보험료, 고용보험료, 공적연금보험료) 주택자금 소득공제 신용카드 소득공제

■ 근로자 본인에 대해 150만원의
기본공제가 있다.

⁞ 기본공제

기본공제는 본인공제, 배우자공제, 부양가족공제로 구성되어 있으며 기본공제대상에 해당하면 1인당 150만원을 공제받을 수 있다.

(1) 본인공제
근로자 본인에 대해 150만원의 기본공제가 있다.

●●● 유재욱씨는 올해 7일 1일 입사하여 연말 현재 근무기간이 1년이 되지 않았다. 이런 경우 기본공제(본인공제)를 150만원 받는지 아니면 150만원의 절반인 75만원만 공제되는지 궁금해하고 있다.

150만원이 전액공제된다. 소득공제는 월할계산이 아니라 연말 현재 공제대상이 되면 전액공제해 준다.

(2) 배우자공제
거주자의 배우자로서 연간소득금액이 100만원 이하(또는 배우자가 근로소득자로 총급여 500만원 이하)인 경우에는 배우자공제 150만원을 받을 수 있다.

●●● (주)연우전자 구미공장의 나반장씨의 배우자인 이삼순씨는 아이들이 다 크자 소일거리 삼아 동네 대형마트에 파트타임(오전만 근무)으로 근로를 제공하여 월 35만원씩 연 420만원의 급여소득이 있다. 이런 경우 배우자의 연간소득금액은

일반적인 맞벌이 부부는
배우자공제대상이 아니다.

얼마일까?

연간소득금액은 아래와 같이 연간 받은 총급여액에서 근로소득공제를 차감한 금액이다.

| 연간소득금액 | = | 수입금액 | − | 필요경비적공제 |

이삼순씨의 경우 연간 총급여가 420만원이지만 필요경비적공제인 근로소득공제(앞의 사례연구 4번 참고)가 294만원이어서 근로소득금액은 126만원(=420만원−294만원)이 된다. 따라서 연간소득금액이 126만원이다. 하지만 배우자의 경우 총급여가 500만원 이하의 근로소득자이기 때문에 배우자공제대상이 된다.

| 연간소득금액
126만원 | = | 수입금액
420만원 | − | 필요경비적공제
(근로소득공제)
294만원 |

••• 그렇다면 만일 나반장씨의 배우자가 일용근로자여서 일당으로 8만원씩 연간 80일을 일하여 640만원을 받을 경우에도 배우자공제를 받을 수 있을까?

공제를 받을 수 있다. 왜냐하면 일용근로자는 일(日) 15만원씩의 근로소

■ 배우자가 개인사업자로 연간 소득금액이
100만원 이하이면 배우자공제대상이 된다.

득공제가 있어 일당 8만원의 일용근로자의 경우에는 근로소득금액이 없기 때문에 배우자공제대상이 된다.

●●● 이러한 조언에 유재욱씨는 만일 근로소득자의 배우자가 개인사업자인 경우 해당연도에 장사가 잘되지 않아 결손이 난 경우에도 배우자공제에 해당되는지 문의하고 있다.

당연히 공제가 된다. 배우자가 개인사업자인 경우 결손이 발생하여 당해연도의 소득금액이 없거나 100만원 이하이면 근로소득자의 배우자공제 대상이 된다.

(3) 부양가족공제

해당 거주자와 생계를 같이하는 부양가족이 있는 경우에는 1인당 150만원의 부양공제 대상이 된다. 이에 대한 자세한 내용은 다음 사례에서 살펴보자.

소득공제 (2) 부양가족공제

사례연구   맞벌이를 생각 중인 유재욱씨는 결혼 후 아이의 양육을 위해 부모님댁 근처에 집을 얻어 아이를 맡길 예정이다. 그런데 은퇴한 부모님을 동거봉양하지 않아도 부양가족공제에 해당하는지에 대해 문의하고 있다.

조언방향   부모님의 경우 주거의 형편상 동거봉양하지 않아도 실질적으로 경제적 봉양을 하는 경우에는 기본공제대상에 포함하여 공제받을 수 있다. 자세한 내용을 심화학습에서 살펴보자.

이론정리 및 심화학습

∷ 부양가족공제

1인당 150만원씩 공제되는 부양가족 공제대상은 다음과 같다. 다만 부양가족의 연간 소득금액이 100만원(또는 부양가족의 총급여가 500만원)을 초과하는 경우에는 공제대상이 되지 않는다.

■ 부모님의 경우 동거봉양하지 않아도
■ 공제대상이 된다.

---

(1) 직계존속

60세 이상의 직계존속(부모님 등)을 경제적으로 부양하고 있는 경우 부양가족공제대상이 된다.

●●● 품질관리부 이승수 차장의 배우자는 전업주부이다. 그런데 이승수씨가 장인·장모를 경제적으로 봉양하고 있는 경우에도 부양가족공제대상이 될까?

공제대상이 된다. 부양가족공제대상을 결정할 때의 근로자란 근로자의 배우자를 포함한 개념이기 때문이다.

●●● 그런데 이승수씨가 장인·장모께 경제적으로 도움을 주고 있지만 회사원인 처남도 경제적으로 도움을 주고 있기 때문에 처남은 자신이 부양가족공제를 받고 싶어 한다. 이런 경우 누구의 부양가족공제대상이 될까?

거주자의 공제대상가족이 동시에 다른 거주자의 공제대상가족에 해당하는 경우에는 해당연도의 『근로소득자 소득공제신고서』에 기재된 자의 공제대상가족으로 한다.
따라서 둘이 잘 합의하여 공제받을 사람을 결정해야 한다. 그런데 둘이 합의가 되지 않아 서로 공제대상으로 신고한 경우에는 전년도 공제대상으로 공제받은 사람의 공제대상이 되며 올해 처음 동시에 공제 신청한 경우에는 근로소득금액(종합소득금액)이 많은 사람의 공제대상으로 한다.

> 직계비속은 20세 이하인 경우에
> 공제대상이 된다.

• • • 만일 혼자이신 아버님이 재혼하신 경우 재혼한 배우자도 직계존속으로 부양공제대상이 될까?

그렇다. 재혼한 배우자의 경우에도 부양가족공제대상이 된다.

NOTE
부양가족공제는 원칙적으로 동거가족으로 생계를 같이해야 공제대상이 된다. 그러나 직계존속의 경우에는 주거의 형편상 별거하고 있는 경우에도 경제적으로 봉양을 하고 있으면 공제대상이 된다.

(2) 직계비속과 형제자매

근로자의 직계비속은 20세 이하인 경우에, 그리고 근로자의 형제자매인 경우에는 20세 이하이거나 60세 이상인 경우에 이들의 연간소득금액이 100만원(또는 총급여가 500만원) 이하이면 부양가족공제대상이 된다.

• • • 김인수 부장은 대학생인 아들의 만 20세 생일이 10월 20일이어서 올해 연말에는 만 20세를 초과하게 된다. 이런 경우도 부양가족공제대상이 될까?

공제대상이 된다. 연령의 제한을 받는 경우에는 당해연도 중 하루라도 그 연령에 해당하면 공제대상이 된다.

■ 장애인인 경우 나이와 상관없이
  부양가족공제가 된다.

●●● 그렇다면 올해 12월 31일에 아이를 낳은 경우에도 부양가족공제 150만원 전액을 공제받을 수 있을까?

물론이다. 이런 경우에도 150만원을 전액 공제받을 수 있다.

●●● 김인수 부장의 친구인 남길호 부장은 자신의 자녀는 장애인인데 장애인인 경우에도 20세를 초과하면 부양공제대상에서 제외되는지 문의하고 있다.

장애인인 경우에는 나이와 상관없이 부양가족공제대상이 된다.

(3) 이외의 부양가족공제대상

『국민기초생활보장법』에 따른 생계급여 등의 수급자와 아동복지법에 의한 가정위탁을 받아 양육하는 아동(해당 과세기간에 6개월 이상 직접 양육한 위탁아동)에 대해서도 1인당 150만원을 공제한다.

〈표 2-5〉 기본공제요약

구 분	공제요건	연령제한	소득제한
본인공제	해당 거주자	無	無
배우자공제	거주자의 배우자	無	연 소득 100만원 또는 총급여 500만원 이하
부양가족공제	직계존속 직계비속·입양자 형제자매 생활보호대상자 위탁아동	有(60세 이상) 有(20세 이하) 有(60세 이상/20세 이하) 無 無	

CASE 9

소득공제 (3) 추가공제

사례연구   자녀가 장애인인 경우 20세를 초과해도 부양가족공제대상이 된다는 조언에 남길호 부장은 장애인을 위한 다른 추가공제는 없는지 문의하고 있다. 장애인의 경우에는 생활비 외에 다른 비용이 많이 필요한데 단지 부양가족공제 150만원은 너무 적다고 생각하고 있다.

조언방향   장애인을 위한 추가공제가 있다. 기본공제대상자 중에 장애인이 있는 경우에는 1인당 200만원의 추가공제가 된다. 이러한 추가공제대상에 대해 심화학습에서 알아보자.

이론정리 및 심화학습

⋮ 추가공제

기본공제대상자 중에서 다음에 해당하는 경우에는 다음의 금액을 추가로 공제한다.

■ 일반적인 의료비공제액은
지출의료비의 15%이다.

---

(1) 경로우대공제

기본공제대상자가 70세 이상인 경우에는 1인당 100만원을 추가공제한다.

(2) 장애인공제

기본공제대상자가 장애인인 경우에는 1인당 200만원을 추가공제한다.

(3) 부녀자공제

해당 거주자(종합소득금액 3,000만원 이하인 자)가 배우자가 없는 여성으로 부양가족이 있는 세대주이거나 배우자가 있는 여성인 경우에는 1인당 50만원을 추가공제한다.

● ● ● 그렇다면 아직 미혼인 유재욱씨의 여자친구인 회사원 이약지씨의 경우에는 부녀자공제대상이 되지 않는 것일까?

그렇다. 부녀자공제는 기혼인 여성이나 배우자가 없는 경우에는 부양가족이 있는 세대주인 여성의 경우에만 공제된다. 따라서 미혼인 이약지씨가 부녀자공제를 받고 싶으면 빨리 결혼하면 된다.

(4) 한부모공제

해당 거주자 중 배우자가 없는 사람으로서 기본공제대상자인 직계비속 또는 입양자가 있는 경우 100만원을 추가공제한다.

> 미혼여성의 경우 부녀자 공제에 해당하지 않는다.

〈표 2-6〉 추가공제 요약

구 분	대 상	공제금액
경로우대공제	70세 이상	100만원
장애인공제	장애인	200만원
부녀자공제	부양가족 있는 세대주 여성 또는 배우자가 있는 여성	50만원
한부모공제	직계비속(입양자) 있는 한부모의 경우	100만원

소득공제 (4) 보험료 소득공제

사례연구   유재욱씨는 보험료에 대한 소득공제가 세액공제로 전환하였다는 세법개정소식에 모든 보험료에 대해서 세액공제로 전환한 것인지에 대해 궁금해 하고 있다. 즉 보장성보험 등에 대해 개인적으로 가입한 것이 아닌 국민연금보험료에 대한 개인부담금과 건강보험료 등에 대해 근로자가 부담하는 보험료도 소득공제가 적용되지 않고 세액공제가 적용되는 것인지 문의하고 있다.

조언방향   보험료에 대한 세액공제전환은 보장성보험과 연금저축(보험)에 대한 납입보험료가 소득공제에서 세액공제로 전환한 것이다. 따라서 국민연금보험료와 건강보험료 등에 대해 근로자 개인이 부담하는 납입보험료는 계속적으로 소득공제가 적용된다.

근로자가 부담하는 고용보험료 등이
전액 소득공제된다.

이론정리 및 심화학습

보험료 소득공제

종합소득 또는 근로소득이 있는 거주자가 지급한 다음의 보험료에 대해서는 근로소득(또는 종합소득)에서 소득공제한다.

〈표 2-7〉 보험료 소득공제

소득공제 대상 보험료	공 제 한 도
종합소득이 있는 자가 공적연금관련법에 따라 납입한 연금보험료	전액 소득공제함
근로소득이 있는 자의 국민건강보험법, 고용보험법 등에 따라 부담하는 보험료	

소득공제 (5) 주택자금공제

사례연구 유재욱씨는 직장생활을 한 지 얼마 되지 않았지만 열심히 돈을 모아 빨리 조그만 아파트를 구입할 계획이다. 우선 유재욱씨는 주택청약저축에 월 10만원씩을 납입하고 있다. 그리고 내년에 금융기관에서 주택임차자금을 융자받아 전세를 얻어 살면서 원리금을 갚아나갈 예정이다. 그런데 유재욱씨는 자신처럼 근로자가 열심히 돈을 모아 주택을 장만하려고 할 때 혜택을 주는 소득공제는 없는지 문의하고 있다.

조언방향 주택마련저축에 대한 납입액과 주택임차자금의 원리금상환에 대해서는 일정 금액의 소득공제를 해준다. 아래의 심화학습에서 살펴보자.

이론정리 및 심화학습

주택자금공제

근로소득이 있는 거주자로서 세대주가 해당 연도에 주택자금으로 지급한 금액 중에서 다음의 금액을 근로소득금액에서 공제한다.

주택마련 저축납입액과 임차자금 원리금상환액의
공제한도는 400만원이다.

〈표 2-8〉 주택자금공제

구 분	공 제 액	한 도	
주택청약저축의 납입액	납입액과 원리금 상환액의 40%	400만원	500만원[주2]
주택임차를 위한 지급금액			
장기주택저당차입금[주1] 이자 상환액	이자상환액		

(주1) 15년 이상의 장기차입금에 대해 적용함.
(주2) 상환방법에 따라 400만원~1,800만원이 공제된다.

(1) 주택청약저축의 납입액

총급여액 7,000만원 이하인 무주택세대주가 가입한 청약저축·주택청약종합저축에 납입한 금액 중 연 납입액(240만원 한도)의 40%를 소득공제한다.

(2) 주택임차를 위한 지급금액

주택마련저축에 가입한 자가 국민주택규모 이하의 주택을 임차하기 위해 금융기관으로부터 일정요건을 가진 주택임차자금을 차입하고 지급하는 동차입금의 원리금 상환액의 40%를 소득공제한다.

(3) 장기주택저당차입금 이자상환액

주택을 소유하지 않거나 1주택 보유 세대주가 국민주택규모 이하의 주택(취득 당시 기준시가 5억원 이하여야 함)을 금융기관이나 국민주택기금

■ 주택자금공제의 총한도액은
최대 1,800만원이다.

으로부터 저당권설정에 의해 차입한 장기주택저당차입금의 이자상환액을 말한다.

NOTE

유재욱씨의 경우 청약저축납입액 120만원의 40%인 48만원이 소득공제된다.

12 CASE 소득공제 (6) 신용카드공제한도

사례연구 입사초기 신용카드를 여러 장 발급받아 사용하다보니 너무 지출이 많아져서 고민하던 유재욱씨는 신용카드를 없애고 현금으로만 지출할 계획이다. 유재욱씨가 카드를 없애려고 카드회사에 문의하자 카드회사에서는 신용카드를 사용하면 소득공제가 되는데 왜 없애려고 하냐며 계속 사용을 권하고 있다. 유재욱씨는 반드시 신용카드를 사용해야만 신용카드 소득공제가 되는지에 대해 문의하고 있다.

조언방향 그렇지 않다. 신용카드 소득공제는 신용카드 외에도 직불카드나 현금영수증을 발급받은 경우에도 가능하다. 심화학습에서 살펴보자.

이론정리 및 심화학습

∷ 신용카드 등 사용금액에 대한 소득공제

근로소득이 있는 거주자의 경우 신용카드 등을 사용하여 지급하는 금액 중 다음 금액은 근로소득금액에서 소득공제한다.

■ 신용카드 소득공제는 직불카드와 현금영수증도 공제대상이 된다.

(1) 공제금액

다음 ①과 ② 중에서 적은 금액^(주)

MIN(①, ②)
① (신용카드 등 사용금액 – 총급여액의 25%) × 공제율
② 한도액 : 300만원(총급여액 7,000만원 초과시는 250만원)

(주) 기본한도액을 초과하는 경우 전통시장 사용액과 대중교통 이용분 등에 대해 추가공제한다.

(2) 신용카드 등 사용금액

신용카드 등의 사용금액이란 다음과 같이 신용카드 외에 직불카드, 현금영수증 등의 지출금액을 포함한다.

〈표 2-9〉 신용카드 사용범위

구 분	내 용
신용카드 등	신용카드, 직불카드, 선불카드를 포함
현금영수증	현금거래에 대해 세무서장의 확인을 받은 것
전자지급수단	직불전자지급수단 등으로 지급하는 금액

••• 유재욱씨는 전업주부가 자신의 명의로 된 카드를 사용한 경우에도 남편의 근로소득세 계산시 카드사용공제를 받을 수 있는지 문의하고 있다.

맞벌이부부의 경우 각자 명의의
신용카드를 사용·결제해야 한다.

공제받을 수 있다. 전업주부의 경우에는 아내카드 사용분도 당연히 카드 사용 공제대상이 된다.

●●● 이러한 조언에 유재욱씨는 맞벌이부부의 경우 신용카드공제는 어떻게 되는지 추가로 질문하고 있다. 아내의 명의로만 된 카드만 사용하고 대금은 본인이 결제한 경우 본인이 신용카드 소득공제를 받을 수 있는지에 대한 질문이다.

공제받을 수 없다. 신용카드공제의 경우에는 대금결제자 기준이 아니고 사용자를 기준으로 하기 때문에 맞벌이부부의 경우에는 사용금액에 대한 결제를 남편이 하더라도 아내명의로 발급받은 신용카드의 사용금액은 아내는 공제받을 수 있지만 남편은 공제받을 수 없다.

CASE 13 소득공제 (7) 신용카드공제 사용범위

사례연구 이러한 조언에 유재욱씨는 신용카드를 없애고 직불카드를 발급받아 사용하고 있다. 유재욱씨는 만일 자동차 구입이나 고등학교 등록금, 의료비, 백화점 상품권 등을 신용카드(직불카드)로 구입하는 경우에도 소득공제대상이 되는지 구체적으로 문의하고 있다.

조언방향 카드사용에 대한 소득공제는 모든 카드지출에 대해 적용하는 것이 아니라 그 사용범위에 대해 제한을 두고 있다. 아래의 심화학습에서 살펴보자.

이론정리 및 심화학습

∷ 소득공제가 배제되는 카드 사용금액

다음의 카드 사용금액에 대해서는 소득공제가 되지 않는다.
① 보험료
② 교육비(취학 전 아동에 대한 학원비 제외)
③ 제세공과금(아파트관리비, TV시청료, 고속도로통행료 등 포함)

신용카드를 사용했지만
공제배제되는 것이 있다.

④ 리스료(자동차리스료 포함)
⑤ 상품권 등의 유가증권 구입비
⑥ 취득세와 등록면허세가 부과되는 재산 구입비용
⑦ 국가·지방자치단체 등에 지급하는 사용료·수수료 등
⑧ 차입금이자상환액·증권거래수수료 등 금융·보험용역 관련 지급액, 수수료, 보증료 및 이와 비슷한 대가
⑨ 정치자금법에 의해 정당에 기부하는 정치자금(기부정치자금 세액공제를 적용받은 것에 한함)
⑩ 세액공제를 적용받는 월세액
⑪ 그 밖의 위와 비슷한 것으로서 기획재정부장관이 정하는 것

●●● 유재욱씨는 위에서 열거하지 않은 의료비는 직불카드로 결제하면 의료비공제와 신용카드소득공제를 둘 다 받을 수 있다는 것인지 확인하듯 물어보고 있다.

그렇다. 의료비를 신용카드(직불카드)로 결제한 경우에는 의료비공제 외에 신용카드 소득공제도 받을 수 있다.

근로소득 산출세액

사례연구 유재욱씨는 앞의 사례에서 열거한 소득공제를 학습한 후 직접 자신의 근로소득세를 계산해 보고 싶어졌다.

유재욱씨의 인적공제대상은 본인에 대한 기본공제만 있으며 물적공제대상은 주택자금소득공제 48만원과 카드사용소득공제 50만원이 있다고 가정한다.

조언방향 다른 소득이 없고 근로소득만 있는 경우의 소득세 산출세액계산은 복잡하지 않으니 심화학습에서 유재욱씨의 산출세액의 계산구조를 따라가 보자.

근로소득 과세표준은 근로소득금액에서 (종합)소득공제를 차감한 금액이다.

이론정리 및 심화학습

∷ 근로소득세의 계산

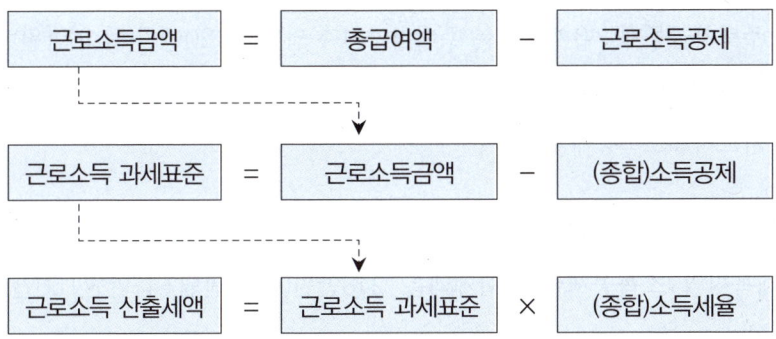

∷ 근로소득금액의 계산

총급여 3,000만원인 유재욱씨의 근로소득금액은 앞에서(사례연구 4번) 계산한 것처럼 2,025만원이다.

| 근로소득금액 2,025만원 | = | 총급여액 3,000만원 | − | 근로소득공제 975만원 |

■ 근로소득 산출세액은 과세표준에
 종합소득세율을 곱한 금액이다.

근로소득 과세표준의 계산

(1) 기본공제와 추가공제

기본공제는 본인에 대한 150만원이 공제되며 추가공제대상은 없다.

(2) 물적소득공제

① 주택자금공제 : 유재욱씨는 주택청약저축 납입액 120만원(월 10만원)의 40%인 48만원이 공제된다.

② 카드사용소득공제 : 50만원

(3) 소득공제금액의 합계

유재욱씨의 소득공제금액 합계액은 248만원(=150만원+48만원+50만원)이다.

| 근로소득 과세표준
1,777만원 | = | 근로소득금액
2,025만원 | − | (종합)소득공제
248만원 |

근로소득 산출세액

근로소득 과세표준에 다음의 종합소득세율을 곱한 금액이 근로소득 산출세액이 된다.

종합소득세율은
6~45%이다.

〈표 2-10〉 종합소득세율

과 세 표 준	세 율
1,400만원 이하	6%
1,400만원 초과 5,000만원 이하	84만원+1,400만원 초과금액의 15%
5,000만원 초과 8,800만원 이하	624만원+5,000만원 초과금액의 24%
8,800만원 초과 1억 5천만원 이하	1,536만원+8,800만원 초과금액의 35%
1억 5천만원 초과 3억원 이하	3,709만원+1억 5천만원 초과금액의 38%
3억원 초과 5억원 이하	9,409만원+3억원 초과금액의 40%
5억원 초과 10억원 이하	1억 7,409만원+5억원 초과금액의 42%
10억원 초과	3억 8,409만원+10억원 초과금액의 45%

이에 따라 계산한 근로소득 산출세액은 약 141만원이다.

| 근로소득 산출세액 141만원 | ≒ | 근로소득 과세표준 1,777만원 | × | (종합)소득세율 |

세액공제 (1) 근로소득세액공제

사례연구 앞의 사례에서 159만원이라는 근로소득 산출세액의 계산에 유재욱씨는 너무 많다고 생각하고 있다. 그러면서 이렇게 계산한 금액을 근로소득세로 납부하면 모든 것이 끝나는 것이냐며 확인하듯 문의하고 있다.

조언방향 그렇지 않다. 근로소득세 산출세액에서 모든 계산이 끝나는 것이 아니라 근로소득 산출세액에서 세액공제를 차감한 금액이 결정세액이 된다.

이론정리 및 심화학습

근로소득 결정세액

근로소득 산출세액에서 세액공제를 차감한 금액이 근로소득 결정세액이다.

| 근로소득 결정세액 | = | 근로소득 산출세액 | − | 세액공제 |

근로소득 산출세액에서 세액공제를
차감한 금액이 근로소득 결정세액이다.

세액공제

근로소득 산출세액에서 공제되는 세액공제는 다음과 같다.

〈표 2-11〉 세액공제

구 분	내 용
세 액 공 제	(1) 근로소득세액공제 (2) 자녀세액공제 (3) 연금계좌세액공제 (4) 특별세액공제 　① 보장성보험료 세액공제 　② 의료비 세액공제 　③ 교육비 세액공제 　④ 기부금 세액공제

근로소득 세액공제

근로소득이 있는 거주자는 근로소득에 대한 소득세 산출세액에서 다음의 금액을 세액공제한다.

- 기납부 원천징수세액이 결정세액보다 많은 경우 연말정산시 환급해준다.

〈표 2-12〉 근로소득 세액공제

근로소득 산출세액	세 액 공 제 금 액
130만원 이하	산출세액의 55%
130만원 초과	71만 5천원+(산출세액-130만원)×30%

〈표 2-13〉 한 도

구 분	한 도
총급여액 3,300만원 이하	74만원
총급여액 3,300만원 초과 7천만원 이하	74만원-[(총급여액-3,300만원)×0.8%]^{주1)}
총급여액 7천만원 초과 1억 2,000만원 이하	66만원-[(총급여액-7,000만원)×50%]^{주2)}
총급여액 1억 2,000만원 초과	50만원-[(총급여액-1억 2,000만원)×50%]^{주3)}

(주1) 계산금액이 66만원보다 적은 경우에는 66만원으로 한다.
(주2) 계산금액이 50만원보다 적은 경우에는 50만원으로 한다.
(주3) 계산금액이 20만원보다 적은 경우에는 20만원으로 한다.

이에 따라 계산한 유재욱씨의 근로소득 세액공제금액은 80만 2천원이다. 하지만 [사례 4번]에 따라 유재욱씨의 총급여액이 3,000만원이므로 공제한도인 74만원이 근로소득 세액공제금액이 된다.

세액공제 (2) 자녀세액공제

사례연구 유재욱씨는 결혼하면 최소한 아이를 3명 이상 낳을 예정이다. 그런데 아이를 3명 이상 낳게 되면 많은 돈이 들 텐데 자녀에 대해 공제해주는 것은 없는지 문의하고 있다.

조언방향 근로소득(또는 사업소득)이 있는 거주자가 8세 이상의 자녀가 있는 경우에는 자녀세액공제가 있다. 자녀가 1명인 경우 年15만원, 2명인 경우 年30만원, 자녀가 3명 이상인 경우 [30만원+(2명 초과 자녀 수)×30만원]의 자녀세액공제가 있다.

〈표 2-14〉 자녀세액공제

구 분	자녀세액공제
자녀가 2인 이하인 경우	1명당 15만원
자녀가 2인을 초과하는 경우	30만원+30만원×(자녀수-2인)

그리고 당해연도에 출산·입양 공제대상자녀가 첫째인 경우 30만원, 둘째인 경우 50만원, 셋째이상인 경우 70만원의 세액공제가 있다.

세액공제 (3) 연금계좌세액공제

사례연구 신입직원이지만 은퇴 후 생활에 대해서도 관심이 많은 유재욱씨는 의무적으로 가입한 국민연금이 충분히 노후를 보장해주지는 못할 것이기 때문에 고민이다. 그런 고민을 들은 알찬은행에 근무하는 고석훈씨의 대학동창 이혜연씨는 연금저축에 가입하면 세액공제도 되고 나중에 노후대책도 된다며 가입할 것을 강력히 추천하고 있다.

조언방향 이혜연씨의 조언처럼 연금저축에 가입하면 세액공제를 받을 수 있다. 연금저축에 대한 자세한 내용은 심화학습에서 살펴보자.

이론정리 및 심화학습

⋮⋮ 연금계좌세액공제

거주자가 저축납입계약기간 만료 후 연금의 형태로 지급받는 연금저축에 가입한 경우에는 연간 납입액(600만원^(주1, 2) 한도)의 12%(총급여 5,500만원 이하의 근로소득만 있는 자와 종합소득금액 4,500만원 이하인 자에

개인사업자도 연금저축공제를
받을 수 있다.

대해서는 15%)를 세액공제해 준다. 퇴직연금계좌에 개인추가납입액이 있으면 연금저축(600만원 한도)와 합하여 900만원을 한도로 세액공제를 받을 수 있다.

NOTE

연금저축은 은행의 저축상품뿐만 아니라 보험회사의 연금보험상품과 농협, 수협 그리고 새마을금고의 상품에 대해서도 세액공제를 해준다.

연금저축의 범위

세액공제가 되는 연금저축은 다음과 같다.
① 가입대상 연령제한 없음
② 가입일로부터 5년이 경과한 후 인출할 것
③ 연간 1,800만원 이내에서 납입할 것
④ 가입자가 만 55세 이후 연금계좌 취급자에게 연금 수령개시를 신청한 후 인출할 것

••• 유재욱씨는 이러한 조언에 아버님을 피보험자로 한 적격연금보험에 가입하려 하고 있다. 세액공제가 되는 연금저축(보험)의 경우에도 일반보험료공제처럼 부양가족을 피보험자로 한 경우에도 세액공제가 될까?

■ 세액공제가 가능한 보험상품을
■ 일반적으로 적격연금보험이라고 한다.

세액공제되지 않는다. 일반보장성보험의 경우 본인 외에 기본공제대상자가 피보험자인 경우에도 세액공제대상이 되지만 연금저축(보험)은 반드시 본인이 피보험자·보험계약자인 경우에만 세액공제가 된다.

〈표 2-15〉 보장성보험과 연금보험의 차이

구 분	내 용
보장성보험	기본공제대상자가 피보험자인 경우에도 세액공제 가능
적격연금보험	본인이 피보험자·보험계약자인 경우에만 세액공제 가능

●●● 앞의 작은사례의 일식집 김성은씨는 자신과 같은 개인사업자도 연금저축세액공제가 되는지 이혜연씨에게 문의하고 있다.

연금저축(보험)의 경우에는 개인사업자가 가입한 경우에도 세액공제가 가능하다. 보장성보험의 보험료는 근로소득자만 보험료공제가 되지만 연금저축(보험)의 납입액은 개인사업자도 공제가 된다.

〈표 2-16〉 공제가능 보험구분

구 분	보장성 보험	연금저축(보험)
근로소득자	보험료 공제됨	공제대상임
개인사업자	공제받을 수 없음	공제대상임

CASE 18 특별세액공제 (1) 보장성보험료공제

사례연구   유재욱씨는 연로하신 부모님에 대한 부양가족공제를 받고 있다. 그런데 유재욱씨는 평소에 잘 알고 지내던 보험설계사 이종신씨로부터 아버님을 피보험자로 하고 유재욱씨를 보험계약자와 보험수익자로 한 종신보험(보장성보험)에 가입할 것을 권유받고 있다. 유재욱씨는 긍정적인 반응을 보이고 있는데 피보험자가 자신이 아닌 아버지가 피보험자로 된 경우에도 자신이 보험료를 납입하면 세액공제(보험료공제)가 되는지에 대해 문의하고 있다.

조언방향   보험료공제가 된다. 보험료공제는 근로자 본인뿐만 아니라 기본공제대상자를 피보험자로 한 보장성보험에 가입하면 연간 납입보험료(100만원 한도)의 12%(장애인 보험의 경우 15%)가 세액공제 된다.

이론정리 및 심화학습

특별공제

특별세액공제에는 보험료공제, 의료비공제, 교육비공제와 기부금공제가

■ 보험료세액공제는
  연 12%이다.

있다.

특 별 세 액 공 제	보 험 료 공 제
	의 료 비 공 제
	교 육 비 공 제
	기 부 금 공 제

보험료공제

근로소득이 있는 거주자가 지급한 아래의 보험료 중 다음의 금액을 산출세액에서 공제한다.

〈표 2-17〉 보험료 공제

공제대상 보험료	공 제 금 액
① 기본공제대상자를 피보험자로 하는 일반적인 보장성 보험의 보험료(年100만원 한도)	납입액의 12%
② 기본공제대상자 중 장애인을 피보험자 또는 수익자로 하는 장애인전용 보장성보험의 보험료 (年100만원 한도)	납입액의 15%

••• 이러한 조언에 유재욱씨는 자신이 가입한 보험이 공제대상인 보험인지 아닌지 어떻게 알 수 있냐며 문의하고 있다.

저축성보험은 보험료
공제대상이 아니다.

보험은 크게 저축성보험과 보장성보험으로 구분할 수 있으며 보험료 공제대상이 아닌 저축성보험은 만기환급금이 납입보험료를 초과하는 보험을 말하며 보험료 공제대상이 되는 보장성보험이란 만기환급금이 납입보험료를 초과하지 않는 보험으로 보험계약 또는 보험료납입영수증에 보험료공제대상임이 표시된 것을 말한다.

〈표 2-18〉 저축성보험과 보장성보험

구 분	공제여부
저축성보험	공제대상 아님
보장성보험	공제대상임

••• 그러자 맞벌이부부인 김달수씨는 피보험자를 배우자로 하고 김달수씨가 보험계약자인 경우에도 보험료공제가 되는지 문의하고 있다.

주의해야 한다. 맞벌이부부는 둘 다 소득이 있기 때문에 서로 배우자공제(기본공제)가 되지 않는다. 따라서 기본공제가 되지 않는 자를 피보험자로 하고 본인을 보험계약자로 한 경우에는 둘 모두 공제가 되지 않는다. 따라서 맞벌이부부의 경우에는 반드시 자신을 피보험자와 보험계약자로 해야만 보험료공제가 가능하다.

특별세액공제 (2) 의료비공제

사례연구   유재욱씨와 유재욱씨의 입사동기인 이대로씨는 연봉이 3,000만원으로 같다. 그런데 유재욱씨는 젊고 튼튼하여 지출 의료비가 없지만 입사동기인 이대로씨의 어머님은 아직 젊으신 편 (55세)이지만 지병으로 인해 올해 지출한 의료비 1,000만원으로 매우 부담스러운 금액이다. 이대로씨는 자신이 지출한 부모님 관련 의료비는 얼마나 세액공제가 되는지 문의하고 있다.

조언방향   근로자 본인과 65세 이상의 연로자 그리고 장애인을 위하여 지급한 의료비는 본인 총급여액의 3% 초과분에 대해서 15%(난임시술비는 30%, 미숙아 및 선천성이상아는 20%)를 세액공제해 준다.

하지만 위 대상 외의 부양가족에게 지출한 의료비는 총급여액의 3% 초과분 중 700만원을 한도로 하여 15%가 공제된다. 따라서 이대로씨는 총급여액의 3%인 90만원(=3,000만원×3%)을 초과하는 910만원(=1,000만원－90만원)중에서 700만원에 대한 15%인 105만원이 의료비세액공제가 된다.

> 총급여액 3% 이하인 의료비 지출액은 의료비공제되지 않는다.

이론정리 및 심화학습

의료비공제

(1) 의료비공제

기본공제대상자(소득·나이 제한 없음)을 위해 지출한 의료비는 총급여액의 3%를 초과하는 금액 전액의 15%를 의료비세액공제해 준다.

(2) 일반적인 의료비공제

위의 경우 외의 일반적인 의료비 공제는 총급여액의 3%를 초과하는 금액 중에서 700만원을 한도로 지출금액의 15%를 세액공제한다.

(3) 특정의료비 등

근로자 본인과 65세 이상에 대한 특정의료비는 한도 없이 15%, 미숙아·선천성 이상아 의료비는 20%, 난임시술비는 30% 세액공제한다.

■ 일반적인 의료비공제액은
지출의료비의 15%이다.

••• 이러한 조언에 이대로씨는 공제대상이 되는 의료비지출은 어떤 것이 있는지 궁금해하고 있다. 보청기 구입, 안경·콘텍트렌즈 등을 구입해도 의료비공제대상이 되는지 문의하고 있다.

보청기 구입을 위한 비용은 의료비 공제대상이 된다. 그리고 시력보정용 안경·콘텍트렌즈의 경우에는 1인당 연 50만원을 한도로 공제된다.

공제대상 의료비

① 진찰·진료·질병예방을 위하여 의료기관에 지급하는 비용
② 치료·요양을 위한 의약품(한약 포함)구입비
③ 장애인 보장구(휠체어 등) 및 의사 등의 처방에 따른 의료기기 구입 비용 또는 임차 비용
④ 시력보정용 안경·콘텍트렌즈 구입 비용으로 1인당 연 50만원 이내
⑤ 보청기 구입 비용
⑥ 『노인장기요양보험법』에 따라 지출한 본인 부담금
⑦ 총급여 7,000만원 이하인 근로자(또는 사업소득 6,000만원 이하 성실사업자)의 산후조리원 비용(출산 1회당 200만원 이내)

NOTE

연령을 초과하거나 소득금액이 100만원이 넘어 기본공제를 받지 못하더라도 근로자와 생계를 같이하는 경우 근로자가 직계비속이나 형제자매 등에게 지출한 의료비는 의료비 공제대상이 된다.

특별세액공제 (3) 교육비공제

사례연구 유재욱씨의 직장상사인 김인수 부장은 집안 전체가 매우 학구적인 집안이다. 김부장의 아들은 이번에 대학원에, 딸은 대학에 진학하자 김인수 부장도 늦은 나이지만 야간대학원에 진학하고자 한다. 이런 모습을 보고 유재욱씨도 자신도 더 늦기 전에 대학원에 진학할 것을 고민하고 있다. 그런데 이런 경우 근로자 자신이나 자녀의 대학원 진학에 따른 학비도 교육비공제가 가능한지 문의하고 있다.

조언방향 근로자본인에 대해서는 대학원등록금도 교육비 공제대상이 되지만 기본공제대상자의 경우에는 대학교에 대해서만 1인당 연 900만원을 한도로 지출액의 15%의 교육비세액공제가 된다. 자세한 내용은 심화학습에서 살펴보자.

이론정리 및 심화학습

교육비공제

근로소득이 있는 거주자가 본인과 기본공제대상자(나이 제한 없음)의 교

■ 근로자 본인의 교육비공제는
  대학원까지 전액이다.

육을 위하여 지급하는 다음에 해당하는 교육비(수업료·입학금·보육비용·수강료·공납금 등)의 15%는 산출세액에서 공제한다.

〈표 2-19〉 교육비 공제

구 분	공 제 대 상 금 액	세액공제율
근로자 본인	대학원까지 전액	15%
기본공제대상자(주1)	대학생 : 1인당 900만원 취학 전 아동(주2), 초·중·고 : 1인당 300만원	
장애인	장애인 재활교육을 위해 지출하는 특수교육비 전액	

(주1) 직계존속에 대한 교육비지출은 교육비공제가 되지 않는다.
(주2) 취학 전 아동을 위한 『영유아보육법』에 따른 보육시설에 지급한 교육비와 법에 의한 학원 또는 체육시설에서 월단위로 주1회 이상 실시하는 교습과정에 지급한 교육비를 말한다.

●●● 이러한 조언에 중학생 자녀를 둔 이신수 부장은 공제되는 교육비의 범위가 어디까지인지 궁금해하고 있다. 학교급식비와 교과서대금, 그리고 방과후 수업료 등도 공제대상인지 문의하고 있다.

학교급식비와 학교에서 구입한 교과서비, 방과후 수업료 등은 교육비공제 대상이 된다. 그러나 학교버스이용료 등은 공제대상이 아니다.

> 급식비·방과후 수업료도
> 공제대상 교육비이다.

<표 2-20> 공제대상 교육비 범위

구 분	내 용
공제대상 교육비	급식비, 학교에서 구입한 교재비, 방과후 수업료 (교재비 포함)
공제대상이 아닌 교육비	기숙사비, 학교버스이용료, 학생회비, 학습지를 이용하고 지출한 교육비

••• 김인수 부장의 동기인 이기민 부장은 두 자녀가 현재 미국에 유학 중인 기러기 아빠이다. 이기민 부장은 외국에서 지출한 교육비도 공제대상이 되는지 궁금해 하고 있다.

원칙적으로 국외교육기관에 지급한 교육비도 공제가능하다. 이때 국외교육기관이란 국외에 소재하는 교육기관으로 우리나라 『유아교육법』에 따른 유치원『초·중등교육법』, 『고등교육법』에 따른 학교를 말한다. 다만 국외기관(유치원, 초·중학교에 한함)의 교육비를 지급한 자가 국내 근로소득자인 경우 학생이 『국외유학에 관한 규정』에 의해 자비유학의 자격이 있는 자로서 부양의무자와 국외에서 동거기간이 1년 이상인 자를 말한다.

••• 유재욱씨가 김인수 부장의 과중한 교육비지출에 대해 걱정하자 김부장은 자신의 딸은 대학에 장학생으로 들어가서 걱정이 없고 자신은 회사에서 학자금을 지원받기 때문에 어려움이 없으니 걱정 말라고 하고 있다. 이처럼 학자금을 지원받

■ 원칙적으로 국외교육기관에
지급한 교육비도 공제대상이다.

은 경우에도 교육비공제가 될까?

김인수 부장의 딸처럼 학교에서 장학금을 받은 경우에는 당연히 교육비 공제가 되지 않는다. 그리고 김부장이 회사에서 학자금을 지원받으면 이러한 학자금지원은 원칙적으로 근로소득으로 보기 때문에 근로소득으로 과세하고 지출한 교육비는 교육비공제대상이 된다. 다만, 근로소득으로 보지 않는 사내근로복지기금에 의해 학자금을 지원받는 경우에는 교육비공제대상도 되지 않는다.

NOTE 월세세액공제(조세특례제한법)

무주택 근로소득자(총급여 7,000만원 이하)가 국민주택규모 이하이거나 기준시가 4억원 이하의 주택에 대해 월세를 지급하는 경우에는 다음의 금액을 세액공제한다.

월세세액공제
=MIN(지급월세액, 750만원)×15%(주)

(주) 총급여 5,500만원 이하 근로소득자(종합소득금액 4,500만원 이하자 포함)는 17%

특별세액공제 (4) 기부금공제

사례연구 유재욱씨는 국내에 태풍으로 인해 엄청난 피해를 입은 이재민을 위해 (주)연우전자에서 성금을 기탁할 때 자신도 개인적으로 25만원을 기부했다. 그리고 자신이 다니는 종교단체에도 200만원을 기부하였다. 유재욱씨는 이렇게 사회적으로 좋은 일을 하는 단체에 기부한 금액에 대해서는 당연히 한도 없이 전액 공제될 것이라고 굳게 믿고 있다. 과연 그럴까?

조언방향 기부금에 대해 무조건 전액 공제해 주는 것이 아니라 기부금의 종류에 따라 기부금의 일정 부분을 세액공제해 준다. 이재민을 위한 구호금품은 특례기부금으로 당해연도 소득금액의 100%를 한도로, 그리고 종교단체에 기부한 기부금은 일반기부금으로서 당해연도 소득금액의 일정비율을 한도로 하여 기부금의 15%(또는 30%)가 세액공제가 된다. 다음의 심화학습에서 살펴보자.

이론정리 및 심화학습

기부금의 종류

기부금은 특례기부금, 일반기부금, 그 외 기부금 등으로 나누고 특례기

■ 특례기부금은
■ 100% 기부금공제대상이다.

부금과 한도금액 이내의 일반기부금을 합한 금액의 15%(1,000만원 초과 부분은 30%)^(주)를 산출세액에서 공제한다.

(주) 2021. 1. 1 ~ 2021. 12. 31 지출한 기부금은 5% 추가공제함

(1) 특례기부금

국방헌금과 이재민을 위한 구호금품 등은 특례기부금으로 당해연도 기준 소득금액의 100%가 세액공제 대상이 된다.

(2) 우리사주조합기부금

우리사주조합기부금은 소득금액의 30%가 세액공제대상 한도액이다.

(3) 일반기부금

장학재단 등 사회복지·문화·예술·교육·종교·자선·학술 등 공익 목적으로 하는 단체에 지출하는 일반기부금의 세액공제대상 한도액은 다음과 같다.

① 종교단체기부금이 없는 경우

　소득금액의 30%

② 종교단체기부금이 있는 경우

　소득금액의 10% + MIN (①, ②)

　　① 소득금액의 20%

　　② 종교단체 외에 지급한 일반기부금

일반기부금은 일정범위 이내 금액이 공제대상 금액이다.

(4) 그 외 기부금

앞에서 언급한 특례기부금과 우리사주조합기부금, 일반기부금에서 열거되지 아니한 기부금은 모두 그 외 기부금으로 전액 손금불산입 한다.

〈표 2-21〉 기부금 공제한도

세액공제 대상 기부금	세 액 공 제 액
1,000만원 이하	15%(주)
1,000만원 초과	150만원+(세액공제대상기부금)×30%(주)

(주) 2021. 1. 1 ~ 2021. 12. 31 지출기부금은 5% 추가공제함

••• 유재욱씨의 경우 이재민을 위한 성금 25만원과 종교단체 기부금 200만원은 소득공제가 가능할까? 유재욱씨의 올해 총급여액은 3,000만원이고 근로소득금액 (=총급여액-근로소득공제)은 앞에서 살펴본 것처럼 2,025만원이다.

(1) 특례기부금인 이재민 성금 25만원

유재욱씨의 특례기부금 25만원(이재민성금)은 전액 공제대상 기부금이다.

■ 일반기부금은 공익목적 단체에
  지출하는 기부금을 말한다.

(2) 종교단체 기부금 200만원

유재욱씨의 일반기부금(종교단체기부금이 있는) 한도는 다음과 같이 200만원이다.

$$\boxed{\begin{array}{c}\text{일반기부금한도}\\200\text{만원}\end{array}} = \boxed{\begin{array}{c}\text{근로소득금액}-\text{특례기부금}\\2{,}025\text{만원}-25\text{만원}\end{array}} \times \boxed{10\%} + \boxed{\begin{array}{c}\text{종교단체 외 기부금}\\0\text{원}\end{array}}$$

앞의 산식에 의해 일반기부금 한도액은 200만원이기 때문에 유재욱씨의 일반기부금인 종교단체기부금 200만원은 세액공제 대상 기부금이 된다.

(3) 기부금 세액공제금액

특례기부금 25만원과 일반기부금 200만원을 합한 금액의 15%인 33만 7,500원이 산출세액에서 공제된다.

(4) 기부금 이월공제

기부금의 한도초과액은 10년 동안 이월공제 가능하다.

CASE 22 표준세액공제

사례연구   유재욱씨의 입사동기인 나튼튼씨는 매우 건강하고(의료비지출 전혀 없음) 학구적이지 않고(교육비지출 전혀 없음) 미래위험도 대비하지 않는(보험료지출 전혀 없음) 사람이다. 그래서 미혼으로 부양가족이 전혀 없는 나튼튼씨는 의료비, 교육비 등 특별세액공제 대상 지출액이 전혀 없다. 나튼튼씨는 자신처럼 특별세액공제대상 지출액이 없는 근로자는 한 푼도 세액공제를 받을 수 없냐며 투덜대고 있다.

조언방향   나튼튼씨처럼 근로소득이 있는 거주자가 보험료공제, 의료비공제, 교육비공제 등의 항목별 특별세액공제를 신청을 하지 않거나 특별세액공제액이 13만원 미만인 경우에는 항목별 특별세액공제 대신 13만원의 표준세액공제를 받을 수 있다.

- 근로소득자는 항목별 특별세액공제와
- 표준세액공제(13만원) 중 선택 가능하다.

이론정리 및 심화학습

표준공제

근로소득자는 항목별 특별세액공제 (① 보험료공제 ② 의료비공제 ③ 교육비공제 ④ 기부금공제)와 표준세액공제(13만원) 중에서 선택 가능하다. 단, 근로소득자가 표준공제를 선택한 경우에도 기부금공제 중 정치자금기부금과 우리사주조합기부금 세액공제는 적용받을 수 있다.

23 CASE 근로소득 결정세액

사례연구　앞의 세액공제를 검토한 바 유재욱씨는 자신의 경우에는 근로소득 세액공제 74만원과 기부금 세액공제 33만 7,500원이 공제된다는 것을 알았다. 이에 따라 자신이 계산해 본 근로소득 결정세액은 다음과 같이 51만 2,500원이었다.

| 근로소득 결정세액 51만 2,500원 | = | 근로소득산출세액 159만원 | - | 근로소득세액공제 (74만원) 기부금세액공제 (33만 7,500원) |

그런데 유재욱씨는 자신은 이미 회사에서 매달 급여 지급시 원천징수한 근로소득세가 70만원 있는데 이는 어떻게 되는 것인지 문의하고 있다.

조언방향　매달 원천징수당한 근로소득세는 기납부세액으로 근로소득 결정세액에서 공제된다. 따라서 유재욱씨처럼 근로소득 결정세액(51만 2,500원)보다 기납부 근로소득원천징수세액(70만원)이 많은 경우에는 연말정산시 차액(18만 7,500원)을 환급해 준다.

24 CASE 다른 소득이 있는 경우

사례연구 (주)연우전자의 김재명 상무의 올해 임대료소득은 1,000만원이다. 김상무는 올해 처음 발생한 임대소득의 세무신고에 대해 고민하다 세무서에 문의하자 부동산임대소득(사업소득)을 자신의 근로소득과 합산하여 5월에 종합신고해야 한다는 소리에 놀라며 '근로소득은 이미 연말정산하지 않았는가?'라며 의아해하고 있다.

조언방향 부동산임대소득(사업소득)과 근로소득은 모두 종합소득에 속한다. 따라서 김재명 상무는 부동산소득과 근로소득을 합산하여 확정신고를 해야 한다. 심화학습에서 살펴보자.

이론정리 및 심화학습

종합소득

개인의 소득은 크게 종합소득과 양도소득, 퇴직소득별로 구분하여 과세한다. 그리고 종합소득인 이자소득, 배당소득, 사업소득, 근로소득, 연금소득, 기타소득은 합산하여 종합과세한다.

근로소득 외 다른 종합소득이 있는 경우 합산하여 종합신고해야 한다.

〈표 2-23〉 소득의 종류

종합소득	이자소득
	배당소득
	사업소득
	근로소득
	연금소득
	기타소득
양도소득	
퇴직소득	

NOTE

2025년부터 종합소득, 양도소득, 퇴직소득 외에 금융투자소득이 시행된다. 금융투자소득은 주식·채권의 양도와 펀드, 파생상품 등 금융투자로 발생한 소득에 대해 분류과세한다.

● ● ● 이러한 조언에 김재명 상무는 그럼 자신은 '부동산임대소득 외에 이자소득도 1,000만원이 있는데 이자소득도 종합소득에 합산하여 신고해야 하는가'라며 따지듯 묻고 있다.

금융소득(이자소득+배당소득)은 종합소득이지만 연간 2,000만원까지는 다른 종합소득과 합산과세하지 않고 분리과세하기 때문에 원천징수세율(15.4%)에 의해 납세의무를 종결한다.

근로소득과 연말정산

1. 근로소득의 범위

근로소득이란 지급방법·명칭·형식에 상관없이 근로계약에 따라 비독립적인 지위에서 근로를 제공하고 받는 대가를 말한다.

2. 근로소득금액

총급여액에서 필요경비적공제인 근로소득공제를 차감한 금액이 근로소득금액이다.

3. 근로소득 과세방법

(1) 근로소득세 원천징수

회사는 매월 급여 지급시 『근로소득 간이세액표』에 의해 결정된 징수세액을 원천징수한다.

(2) 연말정산

회사가 1년간 원천징수한 기납부세액과 실제로 1년간의 근로소득에 대해 납부해야 할 세액은 일치하지 않는다. 따라서 회사에서는 다음해 2월분 급여를 지급할 때 부족분이 발생하면 추가징수하고 과납분이 발생하면 환급해준다. 이를 연말정산이라고 한다.

(3) 근로소득자와 확정신고

근로소득만 있는 자는 연말정산에 의해 납세의무가 종결되기 때문에 종합신고를 할 의무가 없다.

4. 기본공제

(1) 본인공제

근로자 본인에 대해 150만원의 기본공제가 있다.

(2) 배우자공제

거주자의 배우자로서 연간소득금액이 100만원(또는 총급여 500만원) 이하인 경우에는 배우자공제 150만원을 받을 수 있다.

(3) 부양가족공제

다음의 부양가족공제 대상자는 1인당 150만원이 공제된다.
① 직계존속(60세 이상)
② 직계비속(20세 이하)과 형제자매(20세 이하이거나 60세 이상)
③ 생활보호대상자와 위탁아동

5. 추가공제

(1) 경로우대자공제

기본공제대상자가 70세 이상인 경우에는 1인당 100만원

(2) 장애인공제

기본공제대상자가 장애인인 경우에는 1인당 200만원

(3) 부녀자공제

해당 거주자가 배우자가 없는 여성으로 부양가족이 있는 세대주이거나 배우자가 있는 여성인 경우에는 1인당 50만원

(4) 한부모공제

직계비속(입양자) 있는 한부모의 경우 100만원

6. 보험료 소득공제

건강보험료, 고용보험료, 공적연금보험료는 전액 소득공제된다.

7. 주택자금 소득공제

근로소득자는 주택마련저축 납입액 등에 대해 일정금액을 한도로 주택자금 공제를 해준다.

8. 신용카드 소득공제

(1) 소득공제한도

근로소득자의 경우 신용카드 등을 사용하여 지급하는 금액 중 다음 ① 과 ② 중에서 적은 금액을 소득공제한다.

MIN(①, ②)

① (신용카드 등 사용금액-총급여액의 25%)×공제율
② 한도액 : 300만원(총급여액 7,000만원 초과시는 250만원)

(2) 신용카드 등 사용금액

신용카드 등의 사용금액이란 신용카드 외에 직불카드, 현금영수증 등의 지출금액을 포함한다.

9. 자녀세액공제

8세 이상의 자녀가 2인 이하인 경우 1명당 15만원, 자녀가 2인을 초과하는 경우 [30만원+30만원×(자녀수-2인)]을 세액공제해 준다.

10. 연금계좌세액공제

(1) 공제금액

저축납입계약기간 만료 후 연금의 형태로 지급받는 연금계좌에 가입한 경우 연금계좌납입액(600만원 한도)과 퇴직연금계좌납입액을 합하여 900만원을 한도로 12%(15%)를 세액공제한다.

(2) 공제대상 상품

은행, 투자신탁회사의 신탁상품, 보험회사의 보험, 우체국 보험, 농·수협·새마을금고의 생명공제상품이 연금저축 세액공제 대상이다.

11. 특별세액공제

(1) 보험료세액공제

기본공제대상자를 피보험자로 하는 보장성보험료(연 100만원 한도)의 12%(15%)를 세액공제한다.

(2) 의료비세액공제

① 일반적인 의료비공제 : 일반적인 의료비는 총급여액의 3%를 초과하는 금액(700만원 한도)의 15%가 의료비세액공제된다.

② 본인 등의 의료비공제 : 근로자본인과 부양가족 중 65세 이상인 자 및 미숙아·난임시술비 등을 위해 지출한 의료비는 15% ~ 30%의 의료비세액공제해 준다.

(3) 교육비세액공제

다음 지출 교육비의 15%를 세액공제해 준다.
① 근로자 본인 : 대학원까지 전액 공제
② 기본공제대상자 : 대학생은 1인당 900만원, 취학 전 아동, 초·중·고교생은 1인당 300만원
③ 장애인 : 장애인 재활교육을 위해 지출하는 특수교육비 전액

(4) 기부금세액공제

특례기부금과 일반기부금(한도 이내)을 합한 금액의 15%(1천만원 초과부분은 30%)를 세액공제한다. 단, 2021년 지출기부

금에 대해서는 한시적으로 5% 추가공제한다.

12. 표준세액공제

근로소득자는 항목별 특별세액공제(① 보험료공제 ② 의료비공제 ③ 교육비공제 ④ 기부금공제)와 표준세액공제(13만원) 중에서 선택가능하다.

13. 근로소득 외 다른 종합소득이 있는 경우

근로소득 이외에 다른 종합소득(예 : 사업소득)이 있는 경우에는 다음 해 5월 이를 합산하여 종합신고해야 한다.

03

직장인과 부가가치세

법인세법에 대해 어느 정도의 지식을 가지게 된 고석훈(高碩勳)씨는 회사생활을 할수록 부가 가치세의 중요성을 몸으로 느끼고 있다. 고석훈씨가 근무하는 (주)연우전자에서는 모든 물류의 흐름에 반드시 부가가치세 관련 세금계산서가 수반되기 때문에 부가가치세를 모르고는 관리자로서 성장하는 데 한계가 있다고 느끼고 있다.

부가가치세 과세대상

사례연구 고석훈씨는 입사한지 1년이 지나자 업무에 대해 어느 정도 익숙해지고 있다. 그러던 어느 날 대학선배로 경리과에 근무하는 나경리 대리는 회사운영에 있어 법인세도 물론 중요하지만 그 못지않게 중요한 것은 부가가치세라며 공부할 것을 권하고 있다. 고석훈씨는 회사의 거래에 대해 부가가치세가 과세되는 것은 알고 있지만 자세한 것에 대해서는 자신이 없다. 구체적으로 어떤 거래에 대해서 부가가치세가 과세되는 것일까?

조언방향 법인세는 법인이 창출한 이익에 대해 과세되지만 부가가치세는 재화나 용역의 공급이 있으면 이익창출과 관계없이 공급가액의 10%가 과세되기 때문에 실무적으로 더 민감한 경우도 있다. 부가가치세가 과세되는 재화나 용역은 어떤 것이 있는지 심화학습에서 살펴보자.

재화나 용역의 공급이
부가가치세 과세대상이다.

이론정리 및 심화학습

⁝ 부가가치세 과세대상

부가가치세는 사업자가 공급하는 재화 또는 용역에 대해 부과하는 세금이다.

⁝ 재화

재화란 재산적 가치가 있는 모든 유체물과 무체물을 말한다.
유체물이란 상품·기계·건물 등 모든 유형적 물건을 포함하며 무체물은 동력·열 등의 자연력 또는 권리 등으로서 재산적 가치가 있는 것을 말한다.

⁝ 용역

용역이란 재화 외에 재산적 가치가 있는 다음에 해당하는 모든 역무 및 기타행위를 말한다.

① 건설업
② 숙박 및 음식점업
③ 운수 및 창고업
④ 정보통신업(출판업과 영상·오디오 기록물 제작 및 배급업 제외)

> ■ 부가가치세율은
> ■ 공급가액의 10%이다.

⑤ 금융 및 보험업
⑥ 부동산업(다만, 전·답·과수원·목장용지·임야 또는 염전임대업은 제외)
⑦ 전문, 과학 및 기술서비스업과 사업시설관리, 사업지원 및 임대서비스업
⑧ 공공행정·국방 및 사회보장행정
⑨ 교육서비스업
⑩ 보건 및 사회복지서비스업
⑪ 예술, 스포츠 및 여가 관련 서비스업
⑫ 협회 및 단체, 수리 및 기타 개인서비스업과 제조업 중 산업용 기계 및 장비수리업
⑬ 가구내 고용활동 및 달리 구분되지 않은 자가소비 생산활동
⑭ 국제 및 외국기관의 사업

2 CASE 부가가치세의 과세방법

사례연구 부가가치세 공부를 결심한 고석훈씨가 경리과에 알아본 바 작년의 회사 총매출부가가치세액은 100억원이고 원자재 등의 매입시 부담한 총매입 부가가치세액은 80억원이었다. 고석훈씨는 매출부가가치세 100억원은 납부하면 되는 것 같은데 매입과 관련하여 부담한 매입부가가치세 80억원은 어떻게 되는지 궁금해하고 있다. 그리고 부가가치세도 법인세처럼 1년에 한 번 납부하는 것인지에 대해서도 문의하고 있다.

조언방향 부가가치세는 매출부가가치세를 납부하고 매입부가가치세를 환급해주는 방식이 아니라 매출부가가치세에서 매입부가가치세를 차감한 금액을 납부할 부가가치세액으로 한다. 이러한 부가가치세 납부세액은 일반적으로 분기별로 한 번씩 납부하게 된다.

이론정리 및 심화학습

부가가치세 과세방법

부가가치세는 각 과세기간별 매출부가가치세액에서 매입부가가치세액을

- 부가가치세는 1년에 2번
- 6개월을 독립된 과세기간으로 한다.

차감한 금액을 납부세액으로 한다.

| 납부할 부가가치세액 | = | 매출부가가치세 | − | 매입부가가치세 |

부가가치세의 과세기간

(1) 확정신고

부가가치세는 1년에 두 번, 즉 6개월을 독립된 과세기간으로 한다.

〈표 3-1〉 부가가치세 과세기간

구 분	과 세 기 간
제 1 기	1월 1일에서 6월 30일까지
제 2 기	7월 1일에서 12월 31일까지

이러한 확정신고는 과세기간 종료일 이후 25일 이내에 신고·납부해야 한다. 따라서 1기분 확정신고는 7월 25일에, 2기분 확정신고는 다음해 1월 25일까지 신고·납부해야 한다.

(2) 예정신고

확정신고에 앞서 각 과세기간별로 예정신고라는 제도가 있어 각 과세기간개시일로부터 3개월분에 대해서 예정신고를 해야 한다.

> 부가가치세는 일반적으로
> 분기마다 신고·납부한다.

<표 3-2> 예정신고기간

구 분	과 세 기 간
제1기 예정신고	1월 1일에서 3월 31일까지
제2기 예정신고	7월 1일에서 9월 30일까지

예정신고 또한 예정신고기간 종료일로부터 25일 이내에 세무서에 신고해야 하기 때문에 제 1기분 예정신고는 4월 25일까지, 제 2기분 예정신고는 10월 25일까지 신고해야 한다.

이에 따라 부가가치세는 일반적으로 분기마다 한 번씩 신고·납부하게 된다.

<표 3-3> 예정신고와 확정신고

신 고 대 상	신 고 기 한
1기분 예정신고	4월 25일
1기분 확정신고	7월 25일
2기분 예정신고	10월 25일
2기분 확정신고	다음해 1월 25일

3 CASE 과세와 면세

사례연구 이러한 조언에 고석훈씨의 대학동창인 이혜연씨는 자신의 회사인 알찬은행은 부가가치세를 낸 적이 없다고 한다. 그러자 고석훈씨는 금융업도 용역의 공급에 포함되는데 어떻게 된 것인지 궁금해하고 있다.

조언방향 모든 재화나 용역에 대해 부가가치세가 과세되는 것은 아니다. 부가가치세법에서는 부가가치세가 면세되는 재화나 용역의 공급을 규정하고 있으며 면세에 해당하는 재화나 용역을 공급하는 면세사업자는 매출부가가치세를 징수하여 납부할 의무가 없다.

이론정리 및 심화학습

면세의 종류

부가가치세법상 면세대상 중 중요한 내용은 다음과 같다.

> 기초생활필수품은
> 부가가치세 면세대상이다.

(1) 기초생활필수품

① 미가공식료품 등(외국산 비식용 미가공식료품 제외)
   미가공식료품이란 쌀처럼 가공되지 않은 것은 물론이고 본래의 성질이 변하지 않는 정도의 1차가공을 거친 김치, 두부 등 단순가공식료품을 포함한다.
② 수돗물, 연탄, 무연탄, 여성용 생리처리 위생용품
③ 여객운송용역(항공기, 우등고속버스, 전세버스, 택시, 고속전철 등은 과세임)
④ 주택의 임대용역
   주택을 임대주고 받는 월세는 부가가치세가 면세된다.

(2) 생산요소

① 토지의 공급(토지는 면세지만 건물은 과세임에 주의해야 한다)
② 금융·보험용역
③ 저술가·작곡자 등이 제공하는 인적용역

(3) 국민후생용역 및 문화관련 재화·용역

① 의료보건용역[주1]과 혈액
② 교육용역[주2]
③ 도서(도서대여용역 포함)·신문·잡지·관보 및 뉴스통신(다만, 광고는 제외)
④ 예술창작품(골동품 제외)·예술행사·문화행사·비직업운동경기

■ 면세사업자는 매출부가가치세를
징수·납부할 의무가 없다.

⑤ 도서관·과학관·박물관·미술관·동물원 또는 식물원 입장

(주1) 의료용역 중 『쌍꺼풀·코성형·유방확대(축소)·지방흡입·주름살제거』 수술은 과세대상임.
(주2) 무도학원과 자동차운전학원은 과세대상임.

●●● 이러한 조언에 이혜연씨는 자신이 근무하는 알찬은행 본점건물 중 일부는 다른 회사에게 임대를 주고 있고 임대료를 받을 때 부가가치세를 받고 있는데 이것은 어떻게 된 것이냐고 묻고 있다.

금융업은 면세대상이고 부동산임대업은 과세대상이다. 알찬은행의 고유업무인 금융업과 관련된 용역에 대해서는 당연히 면세하지만 알찬은행은 부동산임대업도 겸업하고 있기 때문에 임대료수령시 부가가치세를 징수해야 한다.

면세사업자와 매입부가가치세

사례연구   면세사업자인 은행은 매출부가가치세를 징수하지 않는다는 조언에 이혜연씨는 얼마 전 자신의 부서에서 200만원짜리 컴퓨터를 매입부가가치세 20만원을 포함해 220만원에 구입한 것은 어떻게 된 것인지 의아해하고 있다. 이혜연씨는 면세사업자도 매입할 때는 매입부가가치세를 내야 하는 것인지 문의하고 있다.

조언방향   면세사업자도 재화·용역 구입시 매입부가가치세를 내야 한다. 왜냐하면 부가가치세법상 면세사업자는 매출할 때 부가가치세를 징수하여 납부할 의무가 없지만 매입할 때는 매입부가가치세를 내도록 규정하고 있기 때문이다.

이론정리 및 심화학습

●●● 이러한 조언에 이혜연씨는 은행이 부담한 매입부가가치세 20만원을 환급받을 수 있는지 문의하고 있다. 이혜연씨는 면세사업자의 경우 매출부가가치세가 없기 때문에 매입부가가치세는 당연히 환급될 것이라고 생각하고 있다.

■ 면세사업자가 부담한 매입세액은
환급되지 않는다.

면세사업자가 부담한 매입부가가치세는 환급되지 않는다. 논리적으로 보면 면세사업자는 매출부가가치세가 없고 매입부가가치세만 있으므로 환급하는 것이 맞지만 환급해주지 않는다.

••• 이혜연씨는 매입부가가치세액을 환급해주지 않으면 매입세액 20만원은 어떻게 처리해야 하는지 추가로 질문하고 있다. 환급되지 않는 매입세액은 구입시 손금처리하면 될까?

면세사업자가 환급받지 못한 매입부가가치세액은 매입재화(컴퓨터)가격에 합산하여 처리해야 한다. 따라서 컴퓨터구입가격은 220만원이 된다.

〈표 3-4〉 면세사업자

구 분		내 용
면 세 업 자	매 출 시	부가가치세 징수의무 없음
	매 입 시	매입세액 부담해야 함. 부담한 매입세액은 환급되지 않고 구입재화 가격에 합산함

5 CASE 영세율사업자

사례연구 알찬은행 이혜연씨의 고객 중에 한 분인 나영세씨는 수출하는 회사를 운영하고 있다. 나영세씨는 자신은 영세율사업자여서 매출시 0의 부가가치세율을 적용하기 때문에 부담하는 부가가치세가 전혀 없다고 자랑하고 있다. 이혜연씨는 면세사업자와 영세율사업자는 매출시 부담하는 매출부가가치세가 없는 것은 똑같은데 어떤 차이가 있는지 궁금해하고 있다.

조언방향 수출하는 재화 등에 대해서는 영세율을 적용한다. 그런데 영세율사업자와 면세사업자와의 차이는 영세율사업자는 매입시 부담한 매입부가가치세를 환급해주지만 면세사업자가 부담한 매입부가가치세는 환급되지 않는다는 점이다.

이론정리 및 심화학습

⋮ 영세율

영세율이란 일정한 재화나 용역의 공급에 대해 0의 세율을 적용하는 제도를 말한다. 그리고 영세율사업자가 부담한 매입세액은 공제해 준다.

■ 영세율사업자가 부담한
  매입세액은 환급된다.

따라서 영세율사업자는 부가가치세 부담이 전혀 없다.

영세율 사업자

영세율 적용대상은 다음과 같다.

① 수출하는 재화
② 국외에서 제공하는 용역
③ 선박 또는 항공기의 외국항행용역
④ 기타의 외화획득재화 또는 용역
⑤ 조세특례제한법상 영세율 적용대상거래

〈표 3-5〉 영세율과 면세의 비교

구 분	영세율	면 세
면세의 정도	완전면세	부분면세
매출세액	0세율	면세임
매입세액	환급됨	환급되지 않음
적용범위	주로 수출재화 등	주로 생필품 등
사업자여부	부가가치세법상 사업자임	부가가치세법상 사업자 아님

6 면세포기

사례연구 면세사업자의 경우 매출세액은 징수하지 못하고 매입시 부담한 매입세액은 환급되지 않는다는 조언에 이혜연씨는 그럼 면세사업자가 영세율은 비교할 것도 없고 과세사업자에 비해 뭐가 좋으냐며 항변하고 있다. 징수한 매출세액에서 매입세액을 차감한 금액을 납부하면 되는 과세사업자보다 오히려 면세사업자가 불리할 수도 있다며 면세는 원하면 포기할 수도 있는지 문의하고 있다.

조언방향 유의할 것이 있다. 면세는 면세사업자를 위한 제도가 아니라 공급받는 소비자를 위해 만든 제도이다. 잘 생각해보라! 부가가치세 면세에 의해 혜택을 받는 것은 면세사업자가 아닌 최종적으로 부가가치세를 부담해야 하는 소비자이다. 따라서 부가가치세법에서는 극히 예외적인 것을 제외하고는 면세사업자는 면세포기를 할 수 없도록 규정하고 있다.

■ 면세사업자의 면세포기는
극히 제한적으로 허용된다.

이론정리 및 심화학습

면세의 포기

면세포기는 부가가치세법상 다음의 재화나 용역에 대해서만 제한적으로 허용된다.

(1) 면세포기의 대상
① 영세율 적용대상이 되는 재화 또는 용역
② 학술연구단체 또는 기술연구단체가 학술연구 또는 기술연구와 관련하여 공급하는 재화 또는 용역

(2) 면세포기의 절차
면세를 포기하고자 하는 사업자는 관할세무서장에게 면세포기신고를 하고 지체 없이 사업자등록을 해야 한다.

(3) 면세포기의 효력
면세를 포기하게 되면 과세사업자로 전환되고 면세포기를 한 사업자는 신고한 날로부터 3년간 면세를 적용받지 못한다.

CASE 7. 납세의무자와 담세자

사례연구 최근 꿈에 그리던 대형아파트를 장만한 이만수 부장의 부인 김달숙 여사는 인테리어업자인 남인태씨에게 인테리어비용으로 2,000만원을 지급하면서 이에 대한 증빙(세금계산서)을 요구하고 있다.

남사장은 난색을 표하면서 세금계산서를 원하면 200만원의 부가가치세를 추가로 지급할 것을 요구하고 있다. 이러한 요구에 김여사는 세금계산서 발급을 포기하였지만 부담하지 않은 부가가치세 200만원에 대해 자신을 추적조사할까봐 찜찜해하고 있다.

조언방향 부가가치세는 담세자와 납세의무자가 다른 간접세이다. 즉 담세자(세금을 부담하는 자)는 공급받는 자인 김달숙 여사이지만 납세의무자(세금을 납부해야 하는 자)는 공급하는 사업자이다. 따라서 위의 경우 납부하지 않은 부가가치세 200만원이 문제되면 세무서는 납세의무자인 공급자 남사장에게 부가가치세를 추징할 것이다. 왜냐하면 납세의무자인 남사장(사업자)이 재화나 용역의 공급시 담세자인 김달숙 여사(소비자)에게 부가가치세를 징수하여 세무서에 납부할 의무가 있기 때문이다.

■ 납세의무자와 담세자가 다른 것을 간접세라고 한다.

이론정리 및 심화학습

⁞ 부가가치세의 담세자

부가가치세의 담세자(세금을 부담하는 자)는 재화나 용역의 최종소비자이다.

⁞ 부가가치세의 납세의무자

부가가치세를 징수·납부해야 하는 납세의무자는 재화나 용역을 공급하는 사업자이다.

••• 이러한 조언에 고석훈씨는 부가가치세의 담세자가 최종소비자라면 중간에 재화를 공급한 각각의 사업자들은 부가가치세를 부담하지 않는 것인지 헷갈리고 있다. 예를 들어 갑(사업자)이 생산한 제품(매입부가가치세 없음)을 소매상인 을(사업자)에게 100만원(부가가치세 10만원 별도)에 넘겼으며 을은 최종소비자인 병에게 150만원(부가가치세 15만원 별도)에 판매한 경우 사업자 갑(甲)과 을(乙)의 부가가치세 부담은 어떻게 되는지 궁금해하고 있다.

(1) 사업자 갑(甲)의 경우

우선 사업자 갑(甲)의 경우에는 매출부가가치세가 10만원이고 매입부가가치세가 없으므로 을에게서 받은 110만원 중 10만원을 부가가치세로 납부해야 한다.

① 매출부가가치세 : 10만원(=100만원×10%)
② 매입부가가치세 : 없음
③ 납부부가가치세(=①-②) : 10만원(=10만원-0원)

(2) 사업자 을(乙)의 경우

사업자 을(乙)의 경우에는 매출부가가치세가 15만원이고 매입부가가치세가 10만원이므로 매출부가가치세에서 매입부가가치세를 차감한 5만원을 부가가치세액으로 납부해야 한다.

① 매출부가가치세 : 15만원(=150만원×10%)
② 매입부가가치세 : 10만원
③ 납부부가가치세(=①-②) : 5만원(=15만원-10만원)

따라서 사업자 갑(甲)과 을(乙)이 징수하여 납부한 부가가치세 총액은 15만원(=甲 10만원+乙 5만원)이다.

(3) 최종소비자 병(丙)의 경우

최종소비자 병(丙)은 을(乙)에게서 총 165만원(물건값 150만원+부가가치세 15만원)을 주고 물건을 구입한 후 소비하였다. 따라서 부가가치세는 총 15만원이 甲(10만원)과 乙(5만원)에 의해 징수되어 세무서에 들어갔지만 부가가치세 15만원을 부담한 자는 최종소비자인 병(丙)이라는 것을 알 수 있다.

■ 부가가치세의 담세자는
　최종소비자이다.

간접세

위의 경우처럼 세금을 부담하는 자(최종소비자 丙)와 세금을 징수·납부해야 하는 납세의무자(사업자 甲과 乙)가 다른 세금을 간접세라고 한다. 이처럼 부가가치세는 세무서에서 최종소비자에게 징수해야 하는 것이 원칙이지만 이의 징수와 납부의무를 재화나 용역을 공급하는 사업자에게 위임해 놓은 것이다.

납 세 의 무 자		≠	담 세 자
갑(10만원)	을(5만원)		병(15만원)

CASE 8 부가가치세와 사업자

사례연구 고석훈씨는 입사한 지 1년이 지나자 슬슬 자동차를 구입하고 싶은 욕망이 생겼다. 그러나 사정상 새 차는 무리여서 중고자동차를 알아보고 있는데 선배인 이달호씨는 자신이 타던 중고차를 1,000만원에 넘기겠다고 하고 있다.

어느 날 중고차 시세 확인을 위해 장안평의 중고자동차매매업소를 방문해 그와 비슷한 차종의 가격을 알아보니 950만원(부가가치세 별도)이었다. 고석훈씨는 왜 같은 중고자동차인 재화를 공급하는데 개인인 이달호씨는 부가가치세가 없고 중고차매매업소는 부가가치세가 있는지 궁금해하고 있다.

조언방향 부가가치세는 사업자를 대상으로 한 세금이다. 따라서 이달호씨처럼 중고자동차매매를 사업적으로 하지 않고 일시적으로 재화를 공급하는 자는 사업자가 아니기 때문에 납세의무자가 아니다.

■ 사업자가 아닌 경우에는
　부가가치세 납세의무가 없다.

이론정리 및 심화학습

┋ 사업자의 개념

재화 또는 용역의 공급에 대한 부가가치세의 납세의무자는 사업자이다. 이때 사업자란 영리목적에 관계없이 독립적으로 재화 또는 용역을 계속·반복적으로 공급하는 자를 말하기 때문에 한두 번 정도 재화나 용역을 공급하는 경우에는 사업자로 보지 않는 것이 일반적이다.

●●● 이러한 조언에 고석훈씨는 선배 이달호씨의 중고차를 1,000만원에 구입하였다. 생각보다 비싸게 팔아서 짭짤한 이달호씨는 사업자등록을 하지 않고 자신이 개인적으로 계속 중고차를 사고팔아도 부가가치세가 과세되지 않는지 문의하고 있다.

그렇지 않다. 사업자 판정은 사업자등록 여부에 의해 결정되는 것이 아니다. 비록 사업자등록을 하지 않았다 하더라도 과세당국에서 이러한 중고자동차매매가 반복적이고 계속적으로 이루어진다고 판단하면 사업자등록 여부와 관계없이 사실상 사업자로 보아 부가가치세를 과세한다.

NOTE 1
현실적인 예로서는 개인이 아파트를 팔 때에는 부가가치세가 과세되지 않는다. 이는 개인이 일시적으로 아파트를 매매하는 것은 사업성이 있는

사업자 판정은 사업자등록
여부와 상관없다.

것이 아니라고 판단하기 때문이다. 그러나 개인이 수시로 아파트를 사고 파는 것을 과세당국에서 이를 사실상 사업성이 있다고 판단하면 사업자 (부동산매매업자)로 보아 부가가치세를 과세할 수도 있다.

NOTE 2

국내에서 재화나 용역을 공급하는 경우에는 공급하는 사업자가 부가가치세법상 납세의무를 진다. 그러나 재화를 수입하는 경우에는 재화의 공급자가 우리의 과세권이 미치지 않는 국외이므로 수입하는 자(사업자여부 불문)가 부가가치세 납세의무자가 된다.

CASE 9 재화의 무상공급

사례연구 (주)연우전자에서는 이번에 추석을 맞아 우수고객 중에서 10명을 선정하여 회사에서 생산한 냉장고를 한 대씩 무상으로 제공하려고 하고 있다. 고석훈씨는 이러한 무상공급에 대해 부가가치세를 부담해야 하는지에 대해 문의하고 있다.

조언방향 위와 같은 경우에는 원칙적으로 부가가치세가 과세된다. 즉 사업자가 자기의 사업과 관련하여 생산·취득한 재화를 자신의 고객 등에 증여하는 것은 재화의 공급으로 과세한다.

이론정리 및 심화학습

재화의 무상공급

부가가치세법상 과세대상이 되는 재화의 공급은 계약상 또는 법률상 모든 원인에 의하여 재화를 인도하거나 양도하는 것을 말한다. 이러한 재화의 공급은 대가를 받는 것이 일반적이지만 대가를 받지 않고 무상으로 제공하는 것도 원칙적으로 부가가치세 과세대상이다. 따라서 재화의 무상공급도 부가가치세를 징수해야 된다.

재화와 무상공급은
원칙적으로 과세대상이다.

• • • 이러한 설명에 고석훈씨는 만일 냉장고가 아닌 볼펜에 회사 이름을 넣어 이를 각 대리점을 통하여 광고선전 목적으로 불특정 다수인에게 나누어 주는 것도 부가가치세 과세대상인지 문의하고 있다.

사업자가 자기의 사업과 관련하여 생산하거나 취득한 재화를 자기사업의 광고선전 목적으로 불특정다수인에게 무상으로 배포하는 경우에는 재화의 공급으로 보지 않아 부가가치세를 과세하지 아니한다.

〈표 3-6〉 재화의 무상공급표

구 분		내 용
재화의 무상공급	원 칙	과세대상임
	예 외	견본품, 광고선전용은 과제제외

• • • 고석훈씨는 이러한 질문에 이어 (주)연우전자에서는 올여름 차떼기수법에 의해 재고자산인 냉장고 20대를 도난당했는데 이러한 것도 부가가치세 과세대상이 되는지 걱정하고 있다.

그렇지 않다. 수재·화재·도난·파손·재고감모손 등으로 인하여 재화가 망실 또는 멸실된 경우에는 재화의 공급으로 보지 않는다.

10 CASE 용역의 무상공급

사례연구   (주)연우전자의 오랜 고문변호사인 안병희변호사는 (주)연우전자가 특허권분쟁에 휘말리자 이에 개입하여 원만하게 해결하였다. 그런데 안변호사는 이번 일은 그렇게 많은 시간을 투입하지 않았고 그 동안의 관계도 있어 자신의 용역에 대해 대가를 받지 않으려고 한다. 이에 (주)연우전자의 고석훈씨는 재화의 경우 무상공급도 부가가치세 과세대상이 되기 때문에 이러한 용역의 무상공급이 부가가치세 과세대상이 될까봐 걱정하고 있다.

조언방향   과세되지 않는다. 재화의 경우에는 무상공급에 대해 원칙적으로 부가가치세 과세대상이 되나 용역의 무상공급은 용역의 공급으로 보지 않기 때문에 부가가치세가 과세되지 않는다.

용역의 무상공급은
부가가치세 과세대상이 아니다.

이론정리 및 심화학습

⋮ 용역의 무상공급

대가를 받지 않고 타인에게 용역을 무상공급하는 것은 용역의 공급으로 보지 않는다. 따라서 용역의 무상제공은 부가가치세법상 과세거래가 아닙니다.

〈표 3-7〉 재화와 용역의 무상공급

구 분	과 세 여 부
재화의 무상공급	부가가치세 과세대상임
용역의 무상공급	부가가치세 과세대상 아님[주]

(주) 단, 특수관계자 간의 사업용부동산 무상임대용역에 대해서는 과세한다.

세금계산서 (1) 필요적 기재사항

사례연구 고석훈씨는 이번에 거래처인 (주)남경에 납품을 하면서 세금계산서를 첨부하여 보냈다. 그런데 (주)남경에서는 세금계산서상에 공급하는 자인 (주)연우전자의 주소도 잘못되었고 전체 공급가액과 부가가치세액은 맞지만 공급단가와 수량이 잘못되었다며 다시 세금계산서를 발행해줄 것을 요구하고 있다. 놀란 고석훈씨는 세금계산서를 다시 발행해주면서 세금계산서에 잘못된 기재사항이 있으면 어떻게 되는지 문의하고 있다.

조언방향 세금계산서에는 필요적 기재사항과 임의적 기재사항이 있다. 필요적 기재사항을 기재하지 않거나 사실과 다른 경우에는 세금계산서로서의 효력을 잃어 매입세액공제가 되지 않기 때문에 주의해야 한다. 하지만 임의적 기재사항은 잘못 기재하였거나 기재하지 않아도 세금계산서 효력에 영향을 미치지 않는다. 이에 대한 자세한 내용은 심화학습에서 살펴보자.

이론정리 및 심화학습

세금계산서의 기능

세금계산서는 부가가치세 확정과
매입세액공제의 필수자료이다.

(주)연우전자는 재화를 공급할 때 세금계산서 교부에 의해 공급받는 자인 (주)남경에게 부가가치세를 부담시킬 수 있게 되며 (주)남경은 교부받은 매입세금계산서를 요약한 매입처별세금계산서합계표를 제출하여 부담한 매입세액을 매출세액에서 공제받을 수 있게 된다.

이처럼 세금계산서는 부가가치세 부담자의 확정과 매입세액공제라는 기본적 기능 외에도 실무적으로 거래명세표를 대신하거나 외상거래의 경우에는 청구서, 현금거래의 경우에는 대금영수증 등의 부수적인 기능을 한다. 또한 법인세(개인의 경우에는 소득세)의 과세자료로도 중요하게 활용된다.

〈표 3-8〉 세금계산서의 기능

구 분		내 용
세금계산서 기능	본래기능	① 부가가치세 부담자 확정 ② 매입세액공제의 필수자료
	부가기능	① 거래명세표의 역할대행 ② 청구서 ③ 대금영수증 ④ 법인세(소득세)과세자료

필요적 기재사항

세금계산서에 다음의 필요적 기재사항이 기재되지 않았거나 잘못 기재된 경우에는 세금계산서로서의 효력이 없다.

■ 필요적 기재사항이 잘못된 경우
세금계산서로서의 효력이 없다.

① 공급하는 자의 사업자등록번호와 성명 또는 명칭
② 공급받는 자의 등록번호(주)
③ 공급가액과 부가가치세액
④ 작성연월일

(주) 일반적으로 공급받는 자가 사업자인 경우 사업자등록번호를 말하며 공급받는 자가 사업자가 아닌 경우에는 면세사업자 등에게 부여된 고유번호를 기재하여야 한다.

••• 이러한 조언에 고석훈씨는 만일 회사가 법인이 아닌 개인에게 재화를 직접 판매한 경우에는 어떻게 되는지 물어보고 있다. 이때도 세금계산서를 발행해야 할 것 같은데 공급받는 자가 개인이어서 (사업자)등록번호가 없으면 어떻게 발행해야 하는 것일까?

개인에게 직접 재화를 판매한 경우에도 원칙적으로 세금계산서를 발행해야 한다. 개인이어서 (사업자)등록번호가 없는 경우에는 공급받는 자의 주소·성명 및 주민등록번호를 기재해야 한다.

임의적 기재사항

다음의 임의적 기재사항은 잘못 기재되거나 기재하지 않아도 세금계산서의 효력에 영향을 미치지 않는다.
① 공급하는 자의 주소
② 공급받는 자의 상호·성명·주소
③ 단가와 수량
④ 공급연월일

세금계산서는 부가가치세 확정과
매입세액공제의 필수자료이다.

• • • 고석훈씨는 그렇다면 앞의 경우 잘못 기재된 공급하는 자인 (주)연우전자 주소와 공급단가와 수량은 임의적 기재사항이므로 세금계산서에 효력을 미치지 않느냐며 확인하듯 문의하고 있다.

그렇다. 필요적 기재사항이 아니고 임의적 기재사항인 경우에는 세금계산서의 효력을 잃지 않는다.

NOTE
이처럼 세금계산서는 재화를 공급하거나 공급받는 자의 사업자등록번호와 전체적인 공급가액(부가가치세액)이 맞으면 납세의무자와 매입세액공제대상자, 그리고 공제금액을 확정할 수 있기 때문에 이를 가장 중요시하여 필요적 기재사항으로 하고 있다.

전자세금계산서

그 동안 종이세금계산서가 일반적이었으나 허위세금계산서 등의 조사에 많은 행정력이 소모되는 폐단을 시정하기 위해 2010년 1월 1일 이후부터는 법인사업자는 전자세금계산서를 교부하고 교부일이 속하는 달의 다음 달 10일까지 전자계산서 교부명세를 국세청장에게 전송하도록 강제하였다.

12 CASE 세금계산서 (2) 영수증

사례연구 고석훈씨는 부산으로 출장을 왔다. 비지니스 모텔에서 숙박을 하고 난 후 모텔 근처에 있는 사우나에서 목욕과 이발을 하였다. 회사출장비로 모텔비와 목욕·이발비를 지불하면서 고석훈씨가 세금계산서의 교부를 요구하자 주인들은 난색을 표하고 있다. 자신들은 세금계산서를 발행하지 않으며 단지 영수증만을 발행해 줄 수 있다는 것이다.

조언방향 원칙적으로 모든 재화나 용역의 공급시에는 세금계산서를 발행해야 한다. 그러나 영수증의 교부로 세금계산서발행을 갈음하거나 세금계산서 교부의무가 면제되는 경우도 있다. 아래에서 살펴보자.

이론정리 및 심화학습

∷ 영수증 교부대상

다음의 거래에 대해서는 세금계산서 대신 영수증을 발행하여 교부할 수 있다. 그리고 영수증을 교부받은 경우에는 매입세액공제를 받을 수

영수증 교부로 세금계산서 발행을 갈음하는 경우도 있다.

없다.

① 소매업
② 음식점업(다과점업 포함), 숙박업
③ 목욕·이발·미용업·여객운송업·입장권을 발행하여 영위하는 사업
④ 변호사·공인회계사·세무사 등 전문적 인적용역을 공급하는 사업(사업자에게 공급하는 것은 제외)
⑤ 주로 사업자가 아닌 소비자에게 재화 등을 공급하는 사업으로 세금계산서교부가 불가능하거나 현저히 곤란한 사업
⑥ 그 외에 법에서 영수증 교부대상으로 열거하고 있는 경우

그러나 영수증 교부대상자라고 하더라도 공급받는 자가 세금계산서를 요하면 공급하는 자(세금계산서 발행의무가 있는 간이과세자와 일반과세자의 경우)는 세금계산서를 교부해야 한다. 하지만 위의 『③의 경우(전세버스운송사업 제외)』에는 세금계산서를 요구하더라도 세금계산서의 발행을 금지하고 있다.

NOTE

따라서 고석훈씨의 경우 숙박업인 모텔(일반과세자인 경우)에서는 세금계산서를 교부받을 수 있지만 목욕·이발에 대해서는 세금계산서를 교부받을 수 없다.

세금계산서 (3) 신용카드매출전표

사례연구 고석훈씨는 부서장의 지시로 컴퓨터를 구입하기 위해 대형 전자상가를 찾았다. 그리고 컴퓨터 2대를 구입한 후 회사의 법인카드로 결제를 하면서 세금계산서를 발행해 줄 것을 요구하자 판매처에서는 세금계산서 대신 신용카드매출전표를 교부해주겠다고 하고 있다. 이에 고석훈씨는 신용카드매출전표를 교부받아도 매입세액공제가 되는지 문의하고 있다.

조언방향 신용카드매출전표(직불카드, 기명식 선불카드영수증 포함)와 현금영수증은 세금계산서가 아닌 영수증으로 보기 때문에 원칙적으로 매입세액공제를 받을 수 없다. 그러나 신용카드매출전표 등을 교부받고 일정한 요건을 충족한 경우에는 매입세액공제를 받을 수 있다.

신용카드매출전표도 요건을
충족한 경우 매입세액공제를 받을 수 있다.

이론정리 및 심화학습

∷ 신용카드매출전표

신용카드매출전표 등을 교부받은 경우 매입세액공제가 되려면 다음의 요건을 충족해야 한다.

① 신용카드매출전표 등 수취명세서를 제출할 것
② 신용카드매출전표 등을 거래사실이 속하는 과세기간에 대한 확정신고를 한 날로부터 5년간 보관할 것

NOTE

그러나 세금계산서를 발급하지 못하는 업종인 '목욕·이발·미용업·여객운송업·입장권을 발행하여 영위하는 사업자'로부터 교부받은 신용카드매출전표 등은 위의 규정을 충족해도 매입세액공제가 되지 않는다.

세금계산서 발행시기

사례연구 (주)연우전자에서는 올해 12월 20일에 (주)다농에 냉장고 20대를 납품하고 대금 2,200만원(부가가치세 200만원 포함)은 다음해 1월 20일에 받았다. 이런 경우 부가가치세법상 공급시기는 냉장고를 인도한 올해 4/4분기인지 아니면 대금을 수금한 다음해 1/4분기인지에 대해 문의하고 있다.

조언방향 재화의 경우 부가가치세법상 원칙적인 공급시기는 재화를 인도한 시점이다. 따라서 부가가치세 납세의무는 재화를 인도한 올해 12월 20일에 발생한다. 따라서 올해 12월 20일을 기준으로 세금계산서를 발행해야 한다.

이론정리 및 심화학습

⁝ 재화·용역의 공급시기

(1) 재화의 공급시기

재화의 공급시기는 일반적으로 재화가 인도되는 때이며 자세한 기준은 다음과 같다.

> 재화의 공급시기는 인도기준이고
> 용역은 역무제공이 완료되는 때이다.

〈표 3-9〉 재화의 공급시기

구 분	재화의 공급시기
현금·외상·할부판매	재화가 인도되는 때
장기할부판매	대가의 각 부분을 받기로 한 때
완성도 또는 중간지급조건부 공급 등	

(2) 용역의 공급시기

용역이 공급되는 시기는 역무가 제공되거나 권리가 사용되는 때이다.

〈표 3-10〉 용역의 공급시기

구 분	용역의 공급시기
통상적인 경우	역무제공이 완료되는 때
완성도 또는 중간지급조건부 공급 등	대가의 각 부분을 받기로 한 때
위 기준을 적용할 수 없는 경우	역무제공이 완료되고 공급가액이 확정되는 때

15 공급시기의 특례

사례연구   (주)연우전자는 가장 중요한 원재료인 철강구입에 많은 신경을 쓰고 있다. 그런데 좋은 품질의 철강을 납품하는 (주)남국제강은 철강 구매시 선입금할 것을 요구하고 있다.

그래서 올해 12월 23일 철강대금 22억원(부가가치세 포함)을 입금하였더니 바로 세금계산서를 교부한 후 다음 달인 다음 해 1월 12일 철강을 보내왔다. 고석훈씨는 이처럼 재화를 공급하기 전에 발행한 세금계산서의 경우에도 유효한지 아니면 재화를 공급받은 시점에서 다시 세금계산서를 수정해서 받아야 하는지 궁금해하고 있다.

조언방향   유효하다. 부가가치세법 규정에 의하면 『사업자가 재화를 인도하기 전에 재화 또는 용역에 대한 대가의 전부 또는 일부를 받고 이와 동시에 그 받은 대가에 대해 세금계산서를 교부하는 경우에는 교부하는 때를 재화를 공급시기로 본다』라고 되어 있기 때문에 올해 매입부가가치세로 신고하고 공제받을 수 있다.

> 세금계산서는 원칙적으로 재화의
> 공급시기에 발행해야 한다.

이론정리 및 심화학습

공급시기의 특례

부가가치세는 원칙적으로 재화 등의 공급시기에 세금계산서를 발행해야 한다. 그러나 특례규정에 의해 사업자가 재화를 인도하기 전에 대가의 전부 또는 일부를 받고 이와 동시에 받은 대가에 대해 세금계산서를 교부하는 경우에는 그 교부하는 때를 재화의 공급시기로 본다.

〈표 3-11〉 유효한 세금계산서 발행시기

구 분	내 용
원 칙	공급시기 도래시
예 외	공급 전 대금을 받고 세금계산서를 발행시

••• 이러한 조언에 고석훈씨는 부가가치세는 세금계산서가 가장 중요한데 대금을 받지 않고 세금계산서를 미리 발행한 경우에는 인정되지 않고 사실과 다른 세금계산서가 되는 것인지 문의하고 있다.

원칙적으로 그렇다. 이를 인정하게 되면 대금의 지급 없이 세금계산서만을 발행하여 공급받기도 전에(아니면 아예 공급이 없는 경우에도) 매입세액공제만을 받는 사례가 발생할 수 있다. 따라서 대금을 미리 받거나

■ 공급 전 대금을 받고 세금계산서를
  발행하면 유리하다.

아니면 세금계산서 발행 후 7일 이내에 대금을 지급받는 경우에 한하여 정당한 세금계산서를 발행한 것으로 본다.

NOTE
재화 등을 공급하기 전 세금계산서 발행 후 7일 이후에 대금을 지급받는 경우에도 다음의 요건을 충족한 경우에는 유효한 세금계산서로 본다.

① 계약서, 약정서 등에 대금청구시기와 지급시기가 별도로 기재될 것
② 대금청구시기와 지급시기의 기간이 30일 이내일 것
③ 재화·용역이 공급시기가 세금계산서 발급일이 속하는 과세기간 내 도래하는 경우

••• 그렇다면 만일 위의 사례에서 올해 12월 23일에 대금의 절반인 1억원만 선지급하여 1억원에 대한 세금계산서를 교부받고 철강을 인도받을 때(내년 1월 12일)에 나머지 1억원을 지급하면서 세금계산서를 교부받은 경우에는 어떻게 될까?

동일하다. 선지급 받은 금액에 대해 세금계산서를 발행한 경우에는 그 발행시기를 공급시기로 본다. 따라서 위의 경우 1억원은 이번기의 매입부가가치세로, 나머지 1억원은 다음기의 매입부가가치세로 신고해야 한다.

CASE 16 세금계산서합계표의 제출

사례연구 고석훈씨는 매입시 교부받은 세금계산서는 1장인데 이것을 회사에 보관하는지 아니면 세무서에 제출해야 하는지 문의하고 있다. 그러자 대학동창 이혜연씨도 자신이 다니고 있는 알찬은행과 같은 면세사업자의 경우 매입시 교부받은 매입세금계산서를 어떻게 해야 하는지 같이 문의하고 있다. 면세사업자의 경우 부담한 매입부가가치세는 환급이 되지 않는데 매입세금계산서 제출이 무슨 필요가 있느냐는 것이다.

조언방향 매출시나 매입시 교부하거나 교부받은 세금계산서는 세무서에 제출하는 것이 아니라 회사에서 보관하면 된다. 세무서에는 매 과세기간의 예정신고 또는 확정신고시 매출(입)처별 세금계산서합계표를 제출하면 된다.

그리고 부가가치세 납세의무가 없는 면세사업자의 경우에도 매입처별 세금계산서합계표를 과세기간 종료 후 25일 이내에 관할세무서에 제출하여야 한다.

■ 세금계산서는 보관하고 세무서에는
■ 매출(매입)처별 세금계산서합계표를 제출한다.

이론정리 및 심화학습

⋮ 매출(매입)처별 세금계산서합계표

일반과세자와 세금계산서를 발급하는 간이과세자는 예정신고 또는 확정신고시 매출처(매입처)별 세금계산서합계표를 제출하여야 한다. 이를 제출하지 않거나 사실과 다르게 기재된 경우에는 매입세액공제가 배제된다.

⋮ 면세사업자의 매입처별 세금계산서합계표

면세사업자는 매입세액공제를 받지 못하기 때문에 매입처별 세금계산서합계표를 제출해도 실익이 없으나 거래상대방의 매출세액 파악을 위해 매입처별 세금계산서합계표의 제출을 강제하고 있다.

매입자 발행 세금계산서

사례연구 고석훈씨의 부서에서는 이번에 간단한 칸막이 공사를 하였으며 공사비용 330만원(부가가치세 30만원 포함)을 인테리어업자인 나무심씨에게 지급하였다. 그리고 세금계산서 발행을 요구하자 나무심씨는 그렇게 적은 금액 가지고 무슨 세금계산서냐며 그냥 영수증으로 대신하자고 한다. 이에 회사는 증빙처리를 위해서도 그렇고 매입세액공제를 위해서도 필요하다고 요구하지만 전혀 반응이 없자 회사는 답답해하고 있다.

조언방향 위의 경우처럼 공급자가 세금계산서를 발행하지 않고 버티는 경우에는 공급받는 자가 관할세무서장의 확인을 받아 스스로 세금계산서를 발행할 수 있다. 이를 매입자발행 세금계산서라고 한다. 이를 통해 공급받는 자는 매입세액을 공제받을 수 있고 공급자는 세금계산서 미교부에 대한 가산세의 불이익을 받게 된다.

■ 공급자가 정당한 사유 없이 세금계산서를
발행하지 않으면 공급받는 자가 발행할 수 있다.

이론정리 및 심화학습

⁝ 매입자발행 세금계산서

세금계산서는 당연히 공급하는 자가 발행하는 것이 원칙이다. 그러나 공급자가 정당한 사유 없이 세금계산서를 발행하지 않는 경우에는 공급받는 자가 일정한 조건을 전제로 세금계산서를 발행할 수 있다.

(1) 확인신청

매입자발행 세금계산서를 발행하려는 자는 거래시기로부터 15일 이내에 거래사실을 입증할 수 있는 서류를 관할세무서장에게 확인신청을 하여야 한다. 이때 확인신청 거래대상은 거래건당 공급대가가 10만원 이상 500만원 이하이어야 한다.

(2) 발행 및 교부

관할세무서장으로부터 거래사실을 확인받은 신청인은 매입자발행세금계산서를 발행하여 공급자에게 교부하여야 한다. 다만 신청인 및 공급자가 관할세무서장으로부터 거래사실을 확인통지받은 경우에는 매입세금계산서를 교부한 것으로 본다.

CASE 18 총괄납부와 사업자단위 신고·납부

사례연구 (주)연우전자는 본사 이외에도 사업장이 전국적으로 8곳이 있다. 이런 경우 부가가치세의 신고는 본사 한 곳에서 취합하여 본사 관할세무서에 통합신고하면 되는지 아니면 사업장마다 각각 신고해야 하는지에 대해 고석훈씨는 조두현회계사에게 문의하고 있다.

조언방향 부가가치세는 사업장 중심의 세제이다. 따라서 부가가치세 신고는 원칙적으로 사업장마다 각각 따로 신고해야 한다. 그렇지 않으면 무신고가 되어 가산세가 과세된다. 그러나 예외적으로 신고는 사업장마다 하지만 납부는 한 곳에서 할 수 있는 총괄납부제도와 아예 모든 신고와 납부를 본점 한 곳에서 할 수 있는 사업자단위 신고·납부제도를 두고 있다.

이론정리 및 심화학습

신고·납부의 원칙

부가가치세는 사업장을 중심으로 한 세제이다. 사업자등록도 사업장마다

■ 총괄납부는 신고는 사업장별로 하고
■ 납부는 한 곳에서 할 수 있다.

따로 해야 하고 사업자등록번호도 각각 받는 것이 원칙이다. 따라서 부가가치세도 사업장별로 각각 신고·납부하는 것이 원칙이다.

총괄납부

••• 이러한 조언에 고석훈씨는 의아해하고 있다. 아무리 사업장 중심의 세제라고 해도 사업장별로 각각 신고하고 납부하는 것은 비효율적이고 회사에게도 부담스럽다는 생각이다.

그러한 문제 때문에 총괄납부제도가 있다. 세무서에 총괄납부 승인을 받은 사업자는 신고는 반드시 사업장마다 각각 해야 하지만 납부는 회사가 신고한 주된 사업장을 관할하는 세무서에 총괄하여 납부할 수 있다.

사업자단위 과세사업자

••• 총괄납부에 대한 설명에도 고석훈씨는 아직 이해하지 못하겠다고 하고 있다. 총괄납부의 경우에도 신고는 각 지점에서도 각각 해야 하는 것 아니냐며 신고도 한 곳에 할 수 있게 해야 한다고 주장하고 있다.

전산시스템의 발전과 전국 모든 사업장의 물류를 통합하여 관리하는 추세에 따라 2010년부터 『사업자단위 과세사업자』로 과세관청에 등록을 하면 본점 한 곳에서 모든 신고와 납부를 할 수 있다.

사업자단위 과세사업자는 신고·납부를
본점 한 곳에서 할 수 있다.

〈표 3-12〉 총괄납부와 사업자단위 과세사업자

구 분	내 용
원 칙	사업장별로 신고·납부
총 괄 납 부	신고는 사업장별로, 납부는 한 곳[주]에서 할 수 있다.
사업자단위 과세사업자	신고·납부를 본점 한 곳에서 할 수 있다.

(주) 총괄납부는 본점과 지점 중에서 선택가능하다.

부가가치세 과세표준

사례연구 (주)연우전자는 거래처에 대해 1개월 안에 현금결제하면 3%의 매출할인을 해주고 있다. 얼마 전 (주)연우전자는 거래처인 (주)오성에 5,200만원(부가가치세 별도)어치의 제품을 판매하였다. 그런데 배송과정에 문제가 있어 (주)오성은 흠집이 난 제품에 대해 200만원의 매출에누리를 해줄 것을 요구하였고 (주)연우전자는 즉각 이를 수용하였다. 고석훈씨는 이러한 매출에누리와 매출할인은 부가가치세 과세표준에서 제외되는지 문의하고 있다.

조언방향 매출에누리와 환입, 그리고 매출할인은 부가가치세 과세표준에서 제외된다. 하지만 재화 등이 공급된 후에 제공되는 장려금 등은 과세표준에서 공제하지 않는다.

이론정리 및 심화학습

과세표준 포함금액

과세표준에는 거래상대자로부터 받은 대금·요금·수수료, 기타 명목여하에 불구하고 대가관계에 있는 모든 금전적 가치가 있는 것을 포함한다.

> 할부판매의 이자상당액은 부가가치세 과세표준에 해당한다.

••• (주)연우전자의 오랜 고객인 (주)창해는 10억원짜리 제품의 대금지급을 3년 할부로 해줄 것을 부탁하고 있다. (주)연우전자는 3년 할부로 하는 경우에는 제품대금을 12억원으로 할 예정이다. 고석훈씨는 이런 경우 부가가치세 과세표준은 10억원인지 12억원인지 궁금해하고 있다.

할부판매의 이자상당액은 부가가치세 과세표준에 포함한다. 따라서 12억원이 부가가치세 과세표준이 된다.

〈표 3-13〉 과세표준 포함범위

구 분	내 용
과세표준에 포함	할부판매의 이자상당액 대가의 일부로 받는 운송비 등
과세표준에 불포함	매출에누리액 환입된 재화의 가액 매출할인액(주) 파손, 훼손된 재화가액 확정된 대가의 지급지연으로 인한 연체이자

(주) 외상판매에 대한 미수금을 현금결제하거나 약정기일 전에 지급하는 경우 일정액을 할인하는 것을 말한다.

CASE 20 부가가치세 포함여부

사례연구 알찬은행의 라이벌인 유리은행에서는 본점공간을 효율적으로 재배치한 후 남는 공간을 (주)삼정에 월 1,000만원씩을 받기로 1년간 임대차계약을 하였다.

그런데 은행의 고유업무에 대해서는 부가가치세가 면세지만 임대사업은 과세라는 것을 알고 있는 유리은행의 총무부 이만송 대리는 (주)삼정에 임대료 지급시 부가가치세 100만원도 같이 줄 것을 요구하고 있다. 이에 (주)삼정에서는 계약서에 부가가치세별도라는 언급이 없기 때문에 줄 수 없다고 버티고 있어 이만송 대리는 당황해하고 있다.

조언방향 부가가치세를 받을 수 없다. 왜냐하면 임대계약서상에 부가가치세를 별도로 한다는 조항이 없으면 임대료에 부가가치세가 포함된 것으로 보기 때문이다. 따라서 과세대상 재화와 용역의 공급시 계약서를 작성할 때는 '부가가치세 별도'라는 조항을 반드시 삽입해야 한다.

계약서상 부가가치세에 대한 별도 언급이 없으면
계약금액에 부가가치세가 포함된 것으로 본다.

이론정리 및 심화학습

••• 이러한 조언에 이만송 대리는 황당해하고 있다. 얼마 후 이러한 계약서를 작성한 것에 대해 문책을 당한 이만송 대리는 부가가치세 신고기한이 다가오자 임대료 1,000만원에 부가가치세를 포함한 것으로 본다면 얼마를 부가가치세로 납부해야 하는지 문의하고 있다.

월 임대료 1,000만원에 부가가치세가 포함된 것이므로 1,000만원 중 10/110인 91만원(≒1,000만원×10/110)을 부가가치세로 납부해야 한다.

1,000만원 (부가가치세 포함 임대료)	=	909만원 (순수 임대료)	+	91만원 (부가가치세)
110	:	100	:	10

CASE 21 보증금에 대한 간주임대료

사례연구 앞의 사례에서 임대료에 대한 부가가치세를 계약서상에 표시하지 않아 곤욕을 치른 이만송 대리는 1년이 되어 만기가 되자 여러 가지 이유를 들어 재계약을 하지 않았다. 그리고 새로운 임차인 (주)아성에게는 전세로 계약을 맺어 월세 없이 임대보증금 10억원을 받기로 계약하였다.

이제는 머리 아플 일이 없다고 자신하는 이대리에게 얼마 후 세무서로부터 '부가가치세를 왜 신고하지 않는가'라는 연락을 받았다. 너무 놀란 이대리는 월세를 받지 않고 보증금만을 받았는데 웬 부가가치세냐며 화를 내고 있다.

조언방향 그렇지 않다. 부가가치세법에서는 임대보증금만을 받은 경우에도 간주임대료라고 해서 과세기간 중에 받은 임대보증금에 정기예금이자율을 곱한 금액을 부가가치세 과세표준으로 하고 있기 때문에 매우 주의해야 한다.

부동산 임대보증금에 대해
간주임대료 규정이 있다.

이론정리 및 심화학습

∷ 임대보증금에 대한 간주임대료

사업자가 부동산임대용역을 제공하고 전세금 또는 임대보증금을 받은 경우에는 금전 외의 대가를 받은 것으로 보아 다음의 금액을 부가가치세 과세표준으로 한다.

| 간주임대료
과세표준 | = | 해당기간의
임대보증금 | × | 정기예금
이자율(주) | × | 과세대상일수
/365일 |

(주) 정기예금이자율을 고려하여 국세청장이 결정·고시하는 이자율을 말한다.

예를 들어 국세청 고시이자율이 4%라고 가정하고 임대기간이 올해 10월 1일에서 내년 9월 말까지라면 이만송 대리는 다음과 같이 계산한 부가가치세 100만원을 제2기 확정신고시 납부해야 한다.

(1) 간주임대료 과세표준

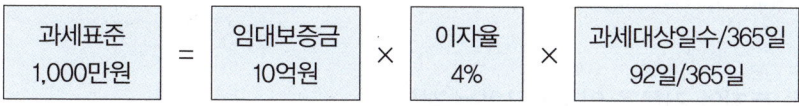

| 과세표준
1,000만원 | = | 임대보증금
10억원 | × | 이자율
4% | × | 과세대상일수/365일
92일/365일 |

(2) 부가가치세액

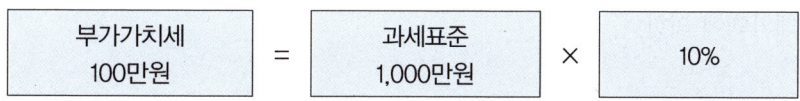

| 부가가치세
100만원 | = | 과세표준
1,000만원 | × | 10% |

부동산매각과 부가가치세

사례연구 (주)연우전자에서는 이번에 수원공장을 처분하고 평택에 신설공장을 건립하려고 하고 있다. 수원공장은 아파트 건설회사와 대략 1,000억원 정도의 매각가격에 합의하고 있다. 그런데 이런 경우 회사의 부동산매각에 대해서도 부가가치세가 과세되는지 고석훈씨는 문의하고 있다.

조언방향 앞선 사례에서 살펴본 것처럼 토지의 공급은 면세이다. 하지만 건물과 기타 구축물의 공급은 과세대상이다. 따라서 공장처럼 토지와 건물을 함께 공급하는 경우에는 건물분에 대해 부가가치세가 과세된다.

이론정리 및 심화학습

토지와 건물을 일괄공급하는 경우

토지에 정착된 건물을 함께 공급하는 경우 그 공급가액은 건물의 실지거래가액에 의한다.

> 토지공급은 부가가치세 면세지만
> 건물의 공급은 과세대상이다.

••• 그런데 (주)연우전자는 토지와 건물을 구분하지 않고 공장 전체를 1,000억원에 양도하기로 하였다. 그리고 계약서에 '부가가치세 별도'라는 것도 표시하지 않았다. 이런 경우 건물분 부가가치세는 어떻게 계산할까?

계약서상에 건물에 대한 '부가가치세별도'라는 문구가 없으므로 매각대금 1,000억원은 부가가치세를 포함한 것으로 본다. 그리고 토지와 건물에 대한 대가를 구분하지 않고 일괄매각하는 경우에는 다음 순서에 의해 안분계산한다.

〈표 3-14〉 일괄공급시 안분기준

구 분	내 용
① 감정평가액이 있는 경우	감정평가액에 비례해 안분계산함
② 기준시가가 있는 경우	기준시가에 비례해 안분계산함
③ 장부가액이 있는 경우	장부가액에 비례해 안분계산함
④ 위의 방법 적용이 곤란한 경우	국세청장이 정하는 바에 따라 안분함

••• (주)연우전자는 공장에 대한 감정가액은 없고 기준시가가 토지 400억원, 건물 200억원이며 장부가액은 토지 200억원, 건물 150억원이다. 이런 경우 건물분 부가가치세액은 얼마일까?

감정가액이 없는 경우에는 기준시가가 장부가액보다 우선하므로 기준시가에 비례하여 안분하면 된다. 1,000억원에 일괄양도하는 경우 토지분의

■ 토지·건물 일괄매매의 경우 우선
■ 감정가액에 비례해 안분계산한다.

기준시가를 1이라고 하면 건물분의 기준시가는 0.5(왜냐하면 토지기준시가 400억원이고 건물기준시가가 200억원이므로)가 된다. 따라서 건물분에 대한 부가가치세는 0.05(= 0.5×10%)가 될 것이다. 따라서 이에 의해 안분계산하면 된다.

(1) 토지분 안분금액

1,000억원×1/1.55≒645.2억원

(2) 건물분 안분금액

1,000억원×0.5/1.55≒322.6억원

(3) 건물분 부가가치세 안분금액

1,000억원×0.05/1.55≒32.2억원

| 매각대금
1,000억원 | = | 토지분
645.2억원 | + | 건물분
322.6억원 | + | 건물분 부가가치세
32.2억원 |

따라서 회사는 1,000억원의 매각대금 중 32.2억원은 건물분 부가가치세로 납부하여야 한다.

23 CASE 납부세액의 계산

사례연구   고석훈씨는 올해 11월 사업자등록을 한 신생법인인 (주)신성유통을 거래처로 확보하였다. 그리고 올해 12월 3일 (주)연우전자는 (주)신성유통에 5,000만원(부가가치세 별도)어치의 물건을 납품하고 대금은 현금으로 받았다. (주)신성유통의 이자객 대리는 거래처관리를 위해 방문한 고석훈씨에게 언제 부가가치세 신고를 해야 하는지 문의하고 있다.

이대리는 (주)신성은 올해 매출이 없고 (주)연우전자에서 구입한 상품 5,000만원만 있어 납부부가가치세가 없기 때문에 올해는 신고할 필요가 없고 내년에 상품을 판매하여 부가가치가 창출되면 신고하면 된다고 생각하고 있다.

조언방향   물론 부가가치세는 부가가치 창출에 대해 과세한다. 그러나 부가가치세 징수방법은 부가가치가 발생할 때까지 기다려서 부가가치세를 과세하는 것이 아니라 과세기간별로 매출부가가치세에서 매입부가가치세를 차감하여 과세한다. 다음의 심화학습에서 살펴보자.

■ 부가가치세 납부세액은 매출세액에서
매입세액을 차감한 금액이다.

이론정리 및 심화학습

∷ 납부부가가치세액의 계산

부가가치세는 창출된 부가가치에 대해 과세한다. 그리고 납부세액은 매출부가가치세에서 매입부가가치세를 차감한 금액이다.

| 납부세액 | = | 매출부가가치세 | − | 매입부가가치세 |

그러나 부가가치세법에서는 매입한 상품이 판매되어 부가가치가 창출되는 시점에서 부가가치세를 과세하는 것이 아니라 부가가치세 과세기간에 발생한 매출부가가치세에서 매입부가가치세를 단순히 공제하는 형태로 과세한다.

따라서 (주)신성유통의 올해 2기분(7.1~12.31) 부가가치세액은 다음과 같이 500만원의 환급세액이 계산된다.

| 납부(환급)세액
△500만원 | = | 매출부가가치세
0원 | − | 매입부가가치세
500만원 |

●●● 이번 기에 이렇게 환급받은 후 (주)신성유통이 다음해 3월 2일 구입한 상품을 8,000만원(부가가치세 별도)에 판매한 경우 내년 1기분 부가가치세는 얼마일까?

매입세액이 매출세액보다 많으면
환급세액이 발생한다.

상품을 8,000만원에 판매한 경우의 납부부가가치세액은 다음과 같이 800만원이 된다.

NOTE
(주)신성유통의 경우에서 살펴본 것처럼 창출한 부가가치는 300만원이고 내년에 실현되었지만 그 부가가치세는 창출된 때에 과세하는 것이 아니라 과세기간에 발생한 매출세액에서 매입세액을 단순공제에 의해 과세한다는 것을 알 수 있다.

〈표 3-15〉 납부세액과 창출 부가가치금액

구 분	① 올해(제2기)	② 내년(제1기)	차감액(②-①)
납부세액	△500만원(환급)	800만원	300만원
창출 부가가치금액	-	300만원	300만원

매입세액불공제

사례연구 (주)연우전자의 영업관리부서장인 이만수 부장은 이번에 상무로 승진하면서 회사에서 미래자동차의 에스쿠를 지급받았다. 고석훈씨는 차량구입대금인 5,500만원(부가가치세 500만원 포함)에 대한 세금계산서를 교부받고 차량구입관련 매입부가가치세액은 사업과 관련된 일이기 때문에 당연히 매출세액에서 공제될 것이라고 확신하고 있다.

조언방향 공제되지 않는다. 매입세액은 매출세액에서 공제하는 것이 원칙적으로 맞지만 부가가치세법에서는 소형승용차(주)의 매입세액 등 매입세액을 불공제하는 것들을 규정하고 있다. 심화학습에서 자세히 살펴보자.

(주) 소형승용차란 8인승 이하의 승용차를 말한다.

이론정리 및 심화학습

∷ 매입세액 불공제

다음의 매입세액은 매출세액에서 공제하지 아니한다.

소형승용차 매입세액과 접대비 관련
매입세액은 공제되지 않는다.

① 세금계산서 미수취, 불분명 매입세액
② 매입처별 세금계산서합계표 미제출, 불분명 매입세액
③ 사업과 직접 관련 없는 지출에 대한 매입세액
④ 소형승용차 구입 및 유지에 관련한 매입세액
⑤ 접대비 및 이와 유사한 지출관련 매입세액
⑥ 면세사업 관련 매입세액
⑦ 토지 관련 매입세액
⑧ 사업자등록 전 매입세액

••• 이러한 조언에 이만수 상무와 고석훈씨는 황당해하고 있다. 이만수 상무는 자신의 차량이야말로 회사를 위해 사용하는 것이 확실하고 접대비 관련 매입세액도 회사의 매출과 직결되는 지출인데도 매입세액이 공제되지 않는다는 것은 말도 되지 않는다고 흥분하고 있다. 그럼 회사에서 구입한 차량이 소형승용차가 아니고 10인승 승합자동차면 매입세액공제가 되냐고 화를 내고 있다.

그렇다. 매입세액공제가 되지 않는 것은 정원 8인승 이하의 소형승용차를 의미하기 때문에 9인승 이상의 승용자동차, 승합자동차, 화물자동차와 관련된 매입세액은 공제된다.

25 CASE 대손세액공제

사례연구 (주)연우전자에서는 올해 12월 오랜 거래처인 (주)도산에 10억원의 제품을 공급하였다. 그런데 제품 공급 후 15일 이내에 현금결제를 해주던 (주)도산에서는 자금압박을 이유로 제품대금 10억원과 부가가치세 1억원 등 11억원의 결제를 계속 미루고 있다.

그런데 부가가치세의 경우 물품대금의 회수와 관계없이 인도기준에 의해 과세되기 때문에 (주)연우전자는 매출부가가치세 1억원을 납부하였다. 얼마 후 자금난에 시달리던 (주)도산이 부도가 났다. 고석훈 씨는 제품공급과 관련한 미수대금 11억원(=물품대금 10억원+부가가치세 1억원)을 회수도 못했는데 부가가치세 1억원을 이미 (주)연우전자가 납부한 것에 너무 황당하며 이 1억원을 돌려받을 수 없는지 문의하고 있다.

조언방향 과세물품을 공급한 후 공급받는 자의 파산 등으로 인하여 부가가치세를 징수하지 못한 경우에는 그 대손세액을 매출세액에서 공제할 수 있다.

> 미회수한 매출채권이 대손이 발생한 경우 대손세액공제를 받을 수 있다.

이론정리 및 심화학습

대손세액공제

사업자가 과세재화나 용역을 공급하는 경우 공급받는 자의 파산 등으로 인해 외상매출금 등 매출채권(부가가치세 포함)이 대손이 발생하여 회수할 수 없는 경우 그 대손세액을 매출세액에서 차감할 수 있다.

••• 그렇다면 공급받는 자인 (주)도산의 경우에는 어떻게 될까? (주)도산은 물품대금 11억원(부가가치세 1억원 포함)을 한 푼도 지급하지 않고 오히려 1억원의 매입세액공제를 받았을 것이다. 이에 대해서 세무서에서 어떤 조치를 취할까?

공급받은 사업자가 대손세액을 매입세액으로 공제받은 경우, 대손확정이 공급받는 자의 폐업 전에 확정되면 이와 관련한 대손세액 상당액은 대손이 확정되는 날이 속하는 과세기간의 매입세액에서 차감한다.

••• 이러한 조언에 담당상무인 이만수 상무는 자기가 과장이던 12년 전쯤에도 이와 비슷한 대손이 있었다며 이것도 대손세액공제를 받을 수 있도록 근거자료를 찾아보라고 고석훈씨에게 지시하고 있다.

이런 경우에는 대손세액공제대상이 아니다. 왜냐하면 대손세액공제는 재화 등의 공급일로부터 10년이 지난 날이 속하는 과세기간에 대한 확정신고기한까지 대손이 확정되는 경우에 한하여 허용된다.

26 CASE 대리납부

사례연구 알찬은행은 세계적인 금융위기를 겪으면서 경쟁력 강화를 위해 미국에 본사를 둔 글로벌 컨설팅그룹인 JIN컨설팅으로부터 10억원 상당의 경영자문을 받았다. 대금을 지급하려던 알찬은행은 부가가치세는 어떻게 해야 하는지 고민하고 있다.

즉 공급자인 JIN컨설팅이 부가가치세를 징수해야 하는데 국내사업장이 없이 세금계산서 발행이 불가능할 것 같은 JIN컨설팅에 11억원(부가가치세 1억원 포함)을 지급해야 하는지 아니면 10억원만 지급해도 되는지에 대한 문의이다.

조언방향 이런 경우에는 대리납부라는 제도가 있다. 부가가치세는 공급하는 자가 징수하여 세무서에 납부하는 것이 원칙이지만 국내사업장이 없는 외국법인에게 용역을 제공받는 경우에는 공급받는 자가 부가가치세를 징수하여 납부하도록 하고 있다. 따라서 알찬은행은 JIN컨설팅에 자문료 10억원만을 지급하고 부가가치세 1억원을 스스로 징수하여 세무서에 납부해야 한다.

> 대리납부 의무자는 국내사업장이 없는
> 외국법인 등으로부터 용역을 제공받은 자이다.

이론정리 및 심화학습

⁞ 대리납부 의무자

대리납부 의무자는 국내사업장이 없는 비거주자 또는 외국법인 등으로부터 용역의 제공을 받는 자이다. 이러한 대리납부는 부가가치세법상 사업자 여부와 상관없다.

●●● 이러한 조언에 (주)연우전자의 고석훈씨는 자신의 회사도 JIN컨설팅으로부터 경영자문을 받을 예정인데 대리납부의무가 있다는 것을 몰랐다며 이에 대해 자세히 물어보고 있다.

고석훈씨는 잘 몰라도 된다. 왜냐하면 이러한 대리납부의무는 공급받는 자가 면세사업자에 한하여 적용되며 과세사업자는 대리납부의무가 없다. 알찬은행은 면세사업자이기 때문에 대리납부 의무가 있는 것이다.

●●● 그러자 고석훈씨는 왜 면세사업자만 대리납부의무가 있고 과세사업자는 대리납부의무가 없는지 계속 질문하고 있다.

과세사업자의 경우 제공받은 용역에 대한 부가가치세를 징수하여 납부한다고 해도 어차피 매입세액공제로 다시 매출세액에서 공제를 받기 때문에 세무서에 전혀 실익이 없다. 따라서 과세사업자는 대리납부의무를 지

■ 과세사업자는
　 대리납부의무가 없다.

우지 않는 것이다. 하지만 면세사업자가 부담한 매입세액은 공제가 되지 않기 때문에 대리납부의무를 지우고 있다.

〈표 3-16〉 대리납부의무

구 분	내 용
과세사업자	대리납부의무 없음[주]
면세사업자	대리납부의무 있음

(주) 과세사업자라고해도 매입세액이 불공제되는 용역 등을 제공받은 경우에는 대리납부의 의무가 있다.

27 조기환급

사례연구 (주)연우전자에서는 올해 1월 15일 공장의 대대적인 증설을 위해 최신 기계장치를 110억원(매입부가가치세 10억원 포함)에 구입하였다. 그런데 회사에서는 기계장치에 대한 매입세액 10억원을 회사자금 사정상 가능하면 빨리 환급받고 싶어 한다. 이러한 매입세액 환급은 언제 해주는지 고석훈씨는 궁금해하고 있다.

조언방향 매입세액 환급은 예정신고가 아닌 확정신고기한 경과 후 30일 이내에 환급하는 것이 원칙이다. 그러나 조기환급제도가 있어 영세율이 적용되는 경우와 사업설비를 신·증설하는 경우에는 예정신고기한 경과 후 15일 이내에 조기환급받을 수 있다.

이론정리 및 심화학습

⁝ 일반환급

매출세액보다 매입세액이 많으면 부가가치세 환급세액이 발생한다. 이러한 경우에는 과세기간별로 해당 과세기간에 대한 환급세액을 확정신고기한 경과 후 30일 이내에 사업자에게 환급해야 한다.

■ 일반환급은 확정신고기한
　경과 후 30일 이내이다.

조기환급

일반환급의 규정에도 불구하고 다음의 경우에는 환급세액을 사업자에게 예정신고(또는 확정신고)기한 경과 후 15일 이내에 조기환급할 수 있다.

① 영세율을 적용받는 경우
② 사업설비(건물·기계장치 등의 감가상각자산을 말함)를 신설·취득·확장 또는 증축하는 경우(이 경우에는 감가상각자산 취득명세서를 신고서에 첨부해야 한다)

••• 이러한 조기환급에 대한 조언에 고석훈씨는 예정신고기한(4월 25일)경과 후 15일 이내에 환급해준다고 해도 5월 초는 되어야 되는데 그것도 너무 길다면서 좀 더 빨리 환급받을 수는 없는지 문의하고 있다.

방법이 있다. 『조기환급기간에 대한 조기환급』이라는 제도가 있어 1월분을 2월 25일까지 신고하여 그 후 15일 이내에 조기환급을 받을 수 있다.

영세율사업자와 사업설비를
취득하는 경우 조기환급받을 수 있다.

⋮⋮ 조기환급기간에 대한 조기환급

(1) 조기환급기간

예정신고기간 또는 과세기간 최종 3월 중 첫째 달과 두 번째 달을 조기환급기간이라고 한다. 예를 들면 제1기의 경우 1월, 2월 그리고 4월과 5월이 조기환급기간이 된다.

(2) 조기환급기간에 대한 조기환급

조기환급기간의 해당월에 대한 조기환급을 받고자 하는 사업자는 해당월 다음 달 25일까지 환급세액을 신고하면 이후 15일 이내에 조기환급받을 수 있다.

〈표 3-17〉 조기환급

구 분	내 용
일 반 환 급	확정신고기한 경과 후 30일 이내
조 기 환 급	예정신고기한 경과 후 15일 이내 또는 확정신고기한 경과 후 15일 이내
조기환급기간에 대한 조기환급	해당 월 다음 달 25일까지 신고 후 15일 이내

28 CASE 간이과세자

사례연구 고석훈씨의 친구인 나사달씨는 취업이 여의치 않자 제과기술을 배워 작은 제과점을 개업하였다. 그런데 자신도 사업자이므로 부가가치세를 내야 한다는 말을 듣고 나사달씨는 자신과 같이 매우 영세한 사업자도 일반과세자와 동일하게 세액을 계산해야 하는지 문의하고 있다.

조언방향 영세한 사업자의 경우에는 간이과세라는 제도가 있어 매출세액에서 매입세액을 차감한 금액을 납부세액으로 하지 않고 총공급대가에 업종별 부가가치율을 곱한 금액의 10%를 부가가치세로 납부하도록 하고 있다.

이론정리 및 심화학습

사업자 유형

부가가치세법상 사업자 유형은 과세사업자와 면세사업자로 구분할 수 있으며 과세사업자는 다시 일반과세자와 간이과세자로 구분된다.

간이과세자는 직전연도 공급대가가
8,000만원에 미달하는 개인사업자를 말한다.

〈표 3-18〉 사업자유형

과 세 사 업 자	일 반 과 세 자
	간 이 과 세 자
면 세 사 업 자	

간이과세자

간이과세자는 직전연도의 공급대가가 8,000만원에 미달하는 개인사업자의 경우에 해당하며 매출액(공급대가)에 업종별 부가가치율을 곱한 금액의 10%를 부가가치세 산출세액으로 한다.

간이과세자 산출세액 = 매출액(공급대가) × 업종별 부가가치율 × 10%

〈표 3-19〉 업종별 부가가치율

업 종	부가가치율
소매업, 재생용 재료수집 및 판매업, 음식점업	10%
제조업, 농업·임업 및 어업, 소화물 전문 운송업	20%
숙박업	25%
건설업, 그 밖의 운수업, 창고업, 정보통신업, 그 밖의 서비스업	30%
금융 및 보험 관련 서비스업, 전문·과학 및 기술서비스업, 사업시설관리·사업지원 및 임대 서비스업, 부동산 관련 서비스업, 부동산임대업	40%

■ 간이과세자의 산출세액은 공급대가에
업종별 부가가치율을 곱한 금액의 10%이다.

⋮ 간이과세 적용시 유의할 점

(1) 간이과세는 개인사업자에게만 적용된다. 따라서 법인사업자는 간이과세적용을 받을 수 없다.

(2) 다음의 업종은 간이과세자를 배제한다.
   ① 광업
   ② 제조업. 다만, 주로 최종소비자에게 직접 재화를 공급하는 과자점업, 양복·양화점, 기타 50% 이상을 최종소비자에게 공급하는 사업으로 국세청장이 정하는 사업은 간이과세를 적용받을 수 있다.
   ③ 도매업(소매업을 겸영하는 경우를 포함하되, 재생용품 재료수집업 및 판매업은 제외) 및 상품중개업
   ④ 부동산매매업
   ⑤ 일정 규모 이상의 부동산임대업
   ⑥ 개별소비세 과세유흥장소를 영위하는 사업
   ⑦ 변호사·회계사·세무사·건축사 등의 전문직 사업서비스업
   ⑧ 사업장소재지역, 사업의 종류와 규모에 따라 국세청장이 정하는 기준에 해당하는 사업
   ⑨ 간편장부대상자에 해당하지 않은 사업자
   ⑩ 둘 이상의 사업장이 있는 사업자로 공급대가의 합계액이 8,000만원 이상인 경우
   ⑪ 전기·가스·증기·수도업

⑫ 건설업, 전문·과학 및 기술 서비스업, 사업시설관리·사업지원 및 임대서비스업(최종소비자에게 직접 공급하는 사업 등 제외)
⑬ 직전연도 공급대가 4,800만원 이상인 과세유흥장소 및 부동산임대업

(3) 신규사업자도 간이과세 적용을 받을 수 있다.

신규로 사업을 개시하는 사업자가 간이과세에 해당할 것이라고 예상되는 경우에는 사업자등록과 함께 간이과세적용신고서를 관할 세무서장에게 제출하여 간이과세 적용을 받을 수 있다.

NOTE

1. 간이과세자 중 4,800만원 미만(직전년도 공급대가)인 경우와 신규간이과세자는 매출세금계산서를 발행할 수 없다.
2. 간이과세자가 매입세금계산서를 받은 경우에는 매입세액에 업종별 부가가치율을 곱한 금액을 산출세액에서 공제한다.
3. 해당 과세기간의 공급대가가 4,800만원 미만인 간이사업자는 부가가치세 납부의무를 면제한다.
4. 일반과세자의 과세기간은 제1기(1.1~6.30), 제2기(7.1~12.31)로 나누어지지만 간이과세자의 과세기간은 1.1~12.31까지이다.

29 CASE 가산세

사례연구 고석훈씨는 이러한 부가가치세에 대한 여러 가지 조언을 경청한 후 다음과 같은 질문을 하고 있다. 만일 사업을 개시한 자가 부가가치세가 부담스러워 아예 사업자등록을 하지 않고 재화 등을 공급하는 경우와 사업자등록은 했지만 세금계산서는 발행하지 않고 무자료로 거래하는 경우 적발되면 가산세가 얼마나 되는지에 대한 질문이다.

조언방향 사업자등록을 하지 않고 재화를 공급한 경우에는 공급가액의 1%에 해당하는 가산세를, 사업자등록은 했지만 세금계산서를 발행하지 않았을 때에는 공급가액의 2%를 납부세액에 가산한다. 자세한 가산세는 아래 심화학습에서 알아보자.

이론정리 및 심화학습

사업자등록

신규로 사업을 개시한 자는 사업개시일로부터 20일 이내에 사업장 관할 세무서장에게 사업자등록을 해야 한다. 사업자등록을 하지 않은 경우에

> 부가가치세법상 사업자등록을 하지 않은 경우 미등록가산세(공급가액의 1%)가 있다.

는 공급가액의 1%에 해당하는 가산세가 있다.

가산세

부가가치세 관련 중요 가산세는 다음과 같다.

〈표 3-20〉 가산세

종 류	가 산 세 액
미등록 가산세	공급가액×1%
세금계산서 미발급가산세	미발급공급액×2%
무신고가산세	일반무신고세액×20% 부정무신고세액×40%
과소신고가산세	일반과소신고세액×10% 부정과소신고세액×40%
납부지연가산세	미납세액×일수×0.022% + 미납세액×3%

NOTE

세금계산서 자료상[주]에 대하여도 세금계산서 기재금액의 2%에 해당하는 가산세가 있다.

(주) 가짜 세금계산서를 발행해 주고 일정 수수료를 챙기는 資料商을 말함.

프로야구와 세금

아버지의 영향으로 엄마뱃속에 있을 때부터 아빠를 따라 LG를 응원하던 LG Twins의 열혈(熱血) 팬인 고석훈씨는 두산과의 경기를 보기 위해 직장동료들과 잠실야구장을 찾았다. 어릴 때부터 지역라이벌인 '두산에게는 절대 패해서는 안 된다'는 명제(命題?)를 아버지의 세뇌교육(洗腦敎育)에 의해 깊이 새기고 있는 고석훈씨는 두산팬인 이신수 부장의 눈을 피해 봉중근 선수의 호투를 열심히 응원을 하고 있다.

요즘 세법공부에 푹 빠진 고석훈씨는 경기를 보던 중 갑자기 프로야구 경기입장권에 대해서도 부가가치세가 과세되는지와 회사비용으로 직원들의 입장권을 단체 구입한 경우 법인세법상 손금산입이 되는지 궁금해졌다. 그리고 프로야구선수가 지급받는 연봉은 어떤 형태로 과세되는지도 알고 싶어졌다.

1. 입장권과 부가가치세

부가가치세법상 비직업(아마추어) 운동경기만 면세이다. 따라서 영리를 목적으로 하는 프로야구입장권에 대해서는 부가가치세가 과세된다.

2. 입장권 단체구입과 법인세

직원의 복리후생차원에서 입장권을 단체구매한 경우 사회통념상 복리후생비로 볼 수 있으므로 법인세법상 손금산입할 수 있다.

3. 선수연봉과 소득세

프로야구선수는 근로자가 아닌 개인사업자이므로 지급받은 연봉에 대해서는 종합소득에 속하는 사업소득(자유직업소득)으로 과세한다. 구단에서는 일반적으로 선수연봉을 10개월(2월~11월)에 나누어 지급하는데 지급시마다 지급액의 3.3%(=소득세 3%+주민세 0.3%)를 원천징수한다. 선수는 다음해 5월 총수입금액에서 필요경비(자신의 경비로 구입한 운동장비, 보약비 등)와 소득공제를 차감한 과세표준에 소득세율을 곱한 산출세액에서 원천징수당한 기납부세액을 차감한 금액을 종합소득세로 납부해야 한다.

● ● ● 그러자 고석훈씨는 유명선수가 FA(자유계약선수, Free Agent)로 풀려 다른 구단과 계약시 받는 연봉 외의 계약금에 대해서는 어떻게 과세하는지 추가질문하고 있다.

계약금도 사업소득으로 보아 연봉과 합산하여 소득세를 과세한다. 예를 들어 FA선수가 구단과 4년 계약(계약금 8억원, 연봉 3억원)한 경우 계약금 8억원을 계약기간 4년으로 나누어 1년에 2억원씩, 연봉 3억원과 합산하여 매년 5억원을 사업소득 수입금액으로 보고 소득세를 과세한다.

… 그 날 LG와 두산의 경기결과는 어떻게 됐을까 …

부가가치세

1. 부가가치세율

부가가치세가 과세되는 재화나 용역의 공급에 대해서는 공급가액의 10%를 부가가치세로 과세한다.

2. 부가가치세 과세방법

부가가치세 납세의무자는 과세기간별로 매출부가가치세에서 매입부가가치세를 차감한 금액을 세무서에 신고·납부해야 한다.

3. 면세와 영세율

(1) 부가가치세법에서는 기초생필품, 생산요소, 국민후생용역 및 문화관련 재화·용역에 대해서는 부가가치세를 면세한다.
(2) 면세사업자의 매입세액은 환급되지 않는다.
(3) 면세포기
    면세사업자는 법에서 규정한 경우 외에는 면세포기를 할 수 없다.
(4) 수출하는 재화 등에 대해서는 영세율을 적용하여 매출세액이 없으며 영세율사업자가 부담한 매입세액은 환급된다.

4. 납세의무자와 담세자

부가가치세법상 납세의무자는 재화 등을 공급하는 사업자이지만 세금을 부담하는 담세자는 최종소비자이다. 이처럼 납세의무자와 담세자가 다른 세금을 간접세라고 한다.

5. 무상공급

재화의 무상공급은 부가가치세 과세대상이나 용역의 무상공급은 부가가치세 과세대상이 아니다.

6. 세금계산서의 필요적 기재사항

세금계산서에 다음의 필요적 기재사항이 기재되지 않았거나 잘못 기재된 경우에는 세금계산서로서의 효력이 없다.
① 공급하는 자의 사업자등록번호와 성명 또는 명칭
② 공급받는 자의 등록번호
③ 공급가액과 부가가치세액
④ 작성연월일

7. 영수증

다음 거래에 대해서는 세금계산서 대신 영수증을 발행할 수 있다.
① 소매업
② 음식점업(다과점업 포함), 숙박업
③ 목욕·이발·미용업·여객운송업·입장권을 발행하여 영위하는 사업
④ 변호사·공인회계사·세무사 등 전문적 인적용역을 공급하는

사업(사업자에게 공급하는 것은 제외)
　⑤ 주로 사업자가 아닌 소비자에게 재화 등을 공급하는 사업으로 세금계산서교부가 불가능하거나 현저히 곤란한 사업
　⑥ 그 외에 법에서 영수증 교부대상으로 열거하고 있는 경우

8. 세금계산서 발행시기

세금계산서는 부가가치세법상 원칙적인 공급시기인 재화를 인도한 시점(용역의 경우에는 역무제공이 완료된 시점)을 기준으로 발행해야 한다.

9. 공급시기의 특례

부가가치세는 원칙적으로 재화 등의 공급시기에 세금계산서를 발행해야 한다. 그러나 특례규정에 의해 사업자가 재화를 인도하기 전에 대가의 전부 또는 일부를 받고 이와 동시에 받은 대가에 대해 세금계산서를 교부하는 경우에는 그 교부하는 때를 재화의 공급시기로 본다.

10. 세금계산서합계표의 제출

매출시나 매입시 교부하거나 교부받은 세금계산서는 회사에서 보관하고 세무서에는 각 과세기간의 예정신고 또는 확정신고시 매출(입)처별 세금계산서합계표를 제출하면 된다.

11. 면세사업자의 매입처별세금계산서합계표 제출의무

부가가치세 납세의무가 없는 면세사업자의 경우에도 매입처별세금계산서합계표를 과세기간 종료 후 25일 이내에 관할세무서에 제출하여야 한다.

12. 매입자발행 세금계산서

공급자가 정당한 사유 없이 세금계산서를 발행하지 않는 경우에는 공급받는 자가 관할세무서장의 확인을 받아 스스로 세금계산서를 발행할 수 있다. 이를 매입자발행 세금계산서라고 한다.

13. 부가가치세의 신고·납부

(1) 원칙

부가가치세는 사업장을 중심으로 한 세제이기 때문에 사업자등록도 사업장마다 따로 해야 하고 사업자등록번호도 사업장마다 각각 받는 것이 원칙이다. 따라서 부가가치세도 사업장별로 각각 신고·납부하는 것이 원칙이다.

(2) 총괄납부

세무서에 총괄납부승인을 받은 사업자도 부가가치세 신고는 반드시 사업장마다 각각 해야 하지만 납부는 회사가 신고한 주된 사업장을 관할하는 세무서에 총괄하여 납부할 수 있다.

(3) 사업자단위과세사업자

사업자단위과세사업자로 등록을 하면 본점 한 곳에서 모든 신고와 납부를 할 수 있다.

14. 부가가치세 과세표준

부가가치세 과세표준에는 거래상대자로부터 받은 대금·요금·수수료, 기타 명목여하에 불구하고 대가관계에 있는 모든 금전적 가치가 있는 것을 포함한다.

15. 부가가치세 포함여부

계약서상에 부가가치세 별도라는 조항이 없으면 계약금액에 부가가치세가 포함된 것으로 본다.

16. 부동산 매각과 부가가치세

(1) 원칙 : 토지의 공급에 대해서는 부가가치세가 면세되지만 건물의 공급에 대해서는 부가가치세가 과세된다. 따라서 토지에 정착된 건물을 공급하는 경우 그 공급가액은 건물의 실지거래가액에 의한다.

(2) 토지와 건물의 일괄매각 : 토지와 건물에 대한 대가를 구분하지 않고 일괄매각하는 경우에는 감정가액에 비례하여 안분하고 감정가액이 없는 경우에는 기준시가에 의해, 그리고 감정가액와 기준시가가 없는 경우에는 장부가액에 의해 안분계산한다.

17. 매입세액 불공제

다음의 매입세액은 매출세액에서 공제하지 아니한다.
① 세금계산서 미수취, 불분명 매입세액
② 매입처별 세금계산서합계표 미제출, 불분명 매입세액
③ 사업과 직접 관련 없는 지출에 대한 매입세액
④ 소형승용차구입 및 유지에 관련한 매입세액
⑤ 접대비 및 이와 유사한 지출관련 매입세액
⑥ 면세사업 관련 매입세액
⑦ 토지 관련 매입세액
⑧ 사업자등록 전 매입세액

18. 대손세액공제

사업자가 과세재화나 용역을 공급하는 경우 공급받는 자의 파산 등으로 인해 해당 재화 등의 공급에 대한 외상매출금, 기타매출채권(부가가치세 포함)이 대손이 발생하여 회수할 수 없는 경우 그 대손세액을 매출세액에서 차감할 수 있다.

19. 대리납부

부가가치세는 원래 공급하는 자가 징수하여 세무서에 납부하는 것이 원칙이지만 국내사업장이 없는 외국법인에게 용역을 제공받는 경우에는 공급받는 자(면세사업자에 한함)가 부가가치세를 징수하여 납부하도록 하고 있다. 이를 대리납부라고 한다.

20. 조기환급

(1) 조기환급 : 매입세액 환급은 확정신고기한 경과 후 30일 이내에 환급하는 것이 원칙이지만 영세율을 적용받는 경우와 사업설비를 취득하는 경우에는 환급세액을 예정신고(또는 확정신고)기한 경과 후 15일 이내에 조기환급받을 수 있다.

(2) 조기환급기간에 대한 조기환급 : 예정신고기간 또는 과세기간 최종 3월 중 첫째 달과 두 번째 달을 조기환급기간이라고 한다. 이 조기환급기간의 해당월에 대한 조기환급을 받고자 하는 사업자는 해당월 다음달 25일까지 환급세액을 신고하면 이후 15일 이내에 조기환급받을 수 있다.

21. 간이과세

(1) 간이과세자에 대한 과세방법 : 직전연도의 공급대가가 8,000만원에 미달하는 영세한 개인사업자의 경우에는 간이과세자로 하여 매출세액에서 매입세액을 차감한 금액을 납부세액으로 하지 않고 총공급대가에 업종별부가가치율을 곱한 금액의 10%를 부가가치세로 납부하도록 하고 있다.

(2) 간이과세는 개인사업자에게만 적용되며 신규사업자도 간이과세자 적용을 받을 수 있다.

(3) 다음의 업종은 간이과세자를 배제한다.
   ① 광업
   ② 제조업(다만, 주로 최종소비자에게 직접 재화를 공급하는 과자점업, 양복·양화점, 기타 50% 이상을 최종소비자에게 공급하는 사업은 간이과세를 적용받을 수 있다)
   ③ 도매업(소매업을 겸영하는 경우를 포함하되, 재생용품 재료 수집업 및 판매업은 간이과세적용을 받을 수 있다)
   ④ 부동산매매업
   ⑤ 일정 규모 이상의 부동산임대업
   ⑥ 개별소비세 과세유흥장소를 영위하는 사업
   ⑦ 변호사·회계사·세무사·건축사 등의 전문직 사업서비스업
   ⑧ 사업장소재지역, 사업의 종류와 규모에 따라 국세청장이 정하는 기준에 해당하는 사업
   ⑨ 간편장부대상자에 해당하지 않은 사업자
   ⑩ 둘 이상의 사업장이 있는 사업자로 공급대가의 합계액이 8,000만원 이상인 경우
   ⑪ 그 외 부가가치세법에서 규정한 업종
(4) 간이과세자가 매입세금계산서를 받은 경우에는 매입세액에 업종별 부가가치율을 곱한 금액을 산출세액에서 공제한다.
(5) 해당 과세기간의 공급대가가 4,800만원 미만인 간이사업자는 납부의무를 면제한다.

04

직장인의 퇴직소득과 연금소득

근로소득세에 대해 학습한 유재욱(俞在旭)씨는 근로소득세와 유사한 퇴직소득과 연금소득에 대해서도 이번 기회에 학습하려고 하고 있다. 유재욱씨는 특히 직장인의 노후생활 안정과 직접 관련된 퇴직소득과 근로소득세의 세부담 차이에 대해 궁금해하고 있다. 또한 국민연금 등의 공적연금과 개인연금저축과 같은 사적연금을 수령할 때 소득세가 과세되는지에 대해서도 정리해보고자 한다.

1 CASE 퇴직소득의 종류

사례연구 (주)연우전자에서는 지난 30년간 공장에서 성실히 근무하고 퇴직하는 이우직 반장에게 퇴직금 외에 사장님의 특별 지시로 퇴직위로금 3,000만원을 따로 지급하였다. 유재욱씨는 이렇게 지급하는 퇴직위로금도 퇴직소득으로 보아 퇴직소득세를 과세하는지 아니면 다른 세금을 과세하는지 궁금해하고 있다.

조언방향 원칙적으로 퇴직소득은 회사에서 정한 퇴직급여지급규정에 의해 지급해야만 퇴직소득으로 보아 퇴직소득세를 과세한다.
만일 퇴직급여지급규정에 의한 퇴직금 외에 따로 퇴직위로금 등을 지급하는 경우에는 퇴직소득이 아닌 근로소득으로 보아 근로소득세를 과세한다.

이론정리 및 심화학습

▦ 퇴직소득

퇴직소득은 원칙적으로 회사의 정관에서 규정한 퇴직급여지급규정(정관

> 퇴직소득은 회사의 퇴직급여지급규정에
> 의해 지급해야만 퇴직소득으로 본다.

의 위임에 의한 퇴직금지급규정이 있는 경우에는 그 규정)에 의해 지급하여야만 퇴직소득으로 본다. 이러한 퇴직소득에는 다음과 같은 것을 포함한다.

① 공적연금 관련법에 따라 받는 일시금(2002년 1월 1일 이후에 납입된 연금 기여금 및 사용자 부담금을 기초로 하거나 2002년 1월 1일 이후 근로의 제공을 기초로 하여 받은 일시금)
② 사용자 부담금을 기초로 하여 현실적인 퇴직을 원인으로 지급받는 소득
③ 퇴직소득의 일부 또는 전부를 지연하여 지급하면서 지연지급에 대한 이자를 함께 지급하는 경우 해당 이자
④ 「과학기술인공제회법」에 따라 지급받는 과학기술발전장려금
⑤ 「건설근로자의 고용개선 등에 관한 법률」에 따라 지급받는 퇴직공제금

NOTE
위의 규정에 해당하지 않는 것은 퇴직소득이 아닌 근로소득으로 본다.

2 CASE 근로자퇴직급여보장법

사례연구   퇴직급여지급규정에 의해 지급하는 퇴직금만이 원칙적인 퇴직소득이라는 조언에 유재욱씨는 그럼 퇴직급여지급규정에 대한 제한은 없는지 문의하고 있다. 퇴직급여지급규정에 의해 지급하면 아무리 많은 금액이나 적은 금액을 지급하더라도 문제가 없냐는 것이다.

조언방향   정관상의 퇴직급여지급규정에 의하여 지급하는 퇴직금은 소득세법상 금액에 제한 없이 퇴직소득으로 보는 것이 원칙이지만 임원의 경우에는 한도액이 있다.

이론정리 및 심화학습

▪ 근로자퇴직급여보장법

세법상 퇴직금의 하한(최소한 지급해야 하는 금액)에 대한 규정은 없다. 그러나 『근로자퇴직급여보장법』에 의해 근로기간 1년에 대해 30일 이상의 평균임금을 근로자에게 퇴직금으로 지급해야 하기 때문에 이 금액 이상으로 퇴직급여지급기준을 설정하는 것이 일반적이다.

> 근로자퇴직급여보장법상 1년에 30일 이상의
> 평균임금을 퇴직금으로 지급해야 한다.

법인세법상 퇴직금 손금산입 여부

••• 이러한 조언에 유재욱씨는 회사의 입장에서 문의하고 있다. 즉 퇴직급여지급규정에 의한 퇴직금은 소득세법상 퇴직소득으로 보는데 그렇다면 퇴직금을 지급한 회사는 이를 법인세법상 전액 손금산입할 수 있는지에 대한 질문이다.

직원에게 지급하는 퇴직급여는 법인세법상 금액의 제한 없이 손금에 산입되지만 임원의 경우에는 퇴직급여지급규정에 정해진 금액(규정이 없는 경우에는 퇴직 전 1년간 총급여액의 10%에 근속연수를 곱한 금액)을 한도로 손금산입이 된다.

NOTE 임원퇴직소득 한도액

소득세법에서는 임원의 퇴직소득[주1]이 다음 한도액을 초과한 경우 그 초과액은 퇴직소득이 아닌 근로소득으로 본다.

$$한도액 = \frac{지난\ 3년간\ 총급여}{연평균\ 환산액} \times 10\% \times 근무기간^{(주2)} \div 12 \times 2배^{(주3)}$$

(주1) 2011. 12. 31까지의 퇴직소득금액은 제외한다.
(주2) 2012. 1. 1 이후의 개월수로 계산한 근무기간을 말한다.
(주3) 2012. 1. 1 ~ 2019. 12. 31까지 근무기간에 대해서는 3배

3 CASE 퇴직소득의 세부담

사례연구 앞의 사례에서 퇴직급여지급규정에 의한 지급이 아니면 퇴직소득이 아닌 근로소득으로 본다는 조언에 유재욱씨는 퇴직소득과 근로소득 중 어떤 소득의 세부담이 많은지에 대해 몹시 궁금해하고 있다.

조언방향 일반적으로 근로소득보다 퇴직소득의 세부담이 적다. 또한 근로소득은 종합소득 중에 하나이므로 다른 종합소득이 있는 경우에는 합산과세하지만 퇴직소득은 분류과세에 의해 종합소득과 합산하지 않고 별개로 과세된다.

이론정리 및 심화학습

종합소득과 퇴직소득

개인에게 귀속되는 소득은 크게 종합소득과 양도소득, 퇴직소득으로 구분하여 과세한다. 그리고 종합소득은 이자소득, 배당소득, 사업소득, 근로소득, 연금소득, 기타소득으로 구성되어 있다.

퇴직소득과 양도소득은
종합소득과 구분하여 과세한다.

〈표 4-1〉 소득의 종류

종합소득	이 자 소 득
	배 당 소 득
	사 업 소 득
	근 로 소 득
	연 금 소 득
	기 타 소 득
양 도 소 득	
퇴 직 소 득	

NOTE

2025년부터 종합소득, 양도소득, 퇴직소득 외에 금융투자소득이 시행된다. 금융투자소득은 주식·채권의 양도와 펀드, 파생상품 등 금융투자로 발생한 소득에 대해 분류과세한다.

위의 표에서 보는 바와 같이 퇴직소득은 종합소득과 구분하여 과세한다. 따라서 부동산임대소득 등 다른 종합소득이 있는 경우 근로소득은 다른 종합소득과 합산과세해야 하지만 퇴직소득은 종합소득과 합산과세하지 않는다.

퇴직소득세의 계산

> **사례연구** 5년 전 (주)연우전자의 연구소장(부장급)으로 영입된 후 탁월한 연구성과를 보여준 나비법 소장은 이번에 회사를 퇴직하면서 퇴직금으로 5억원을 받았다. 나소장은 자신의 퇴직소득세가 얼마나 되는지 궁금해하고 있다.
>
> **조언방향** 아래의 심화학습에서 퇴직소득세의 계산구조를 한번 따라가 보자.

이론정리 및 심화학습

퇴직소득세의 계산

(1) 환산급여의 계산

환산급여 = (퇴직소득금액 − 근속연수에 따른 공제액) × 12/근속연수

퇴직소득 과세표준은 퇴직소득금액에서 퇴직소득공제를 차감한 금액이다.

[근속연수에 따른 공제액]

근 속 연 수	근속연수에 따른 공제액
5년 이하	100만원×근속연수
5년 초과 10년 이하	500만원+200만원×(근속연수-5년)
10년 초과 20년 이하	1,500만원+250만원×(근속연수-10년)
20년 초과	4,000만원+300만원×(근속연수-20년)

(2) 퇴직소득과세표준

환산급여 - 환산급여에 따른 차등공제액

[환산급여에 따른 차등공제액]

환 산 급 여	환산급여에 따른 차등공제액
800만원 이하	환산급여의 100%
800만원 초과 7,000만원 이하	800만원+(800만원 초과분의 60%)
7,000만원 초과 1억원 이하	4,520만원+(7,000만원 초과분의 55%)
1억원 초과 3억원 이하	6,170만원+(1억원 초과분의 45%)
3억원 초과	1억 5,170만원+(3억원 초과분의 35%)

나비법씨 퇴직소득 과세표준

(1) 환산급여의 계산

근속연수가 5년이므로 근속연수공제액은 500만원(=100만원×5년)이고, 환산급여는 11억 8,800만원이 된다.

■ 퇴직소득 산출세액 계산시 적용되는
기본세율은 종합소득세율과 동일하다.

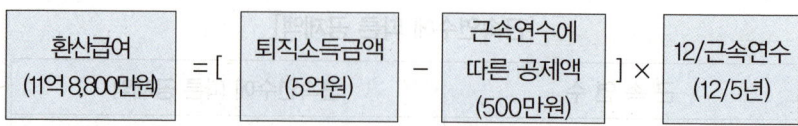

(2) 퇴직소득과세표준

환산급여가 3억원을 초과하므로 환산급여에 따른 차등공제액은 4억 6,250만원이 되어 과세표준이 7억 2,550만원이 된다.

::: 퇴직소득 산출세액

퇴직소득 산출세액은 다음과 같이 계산한다.

산출세액 = 과세표준 × 기본세율 × 근속연수/12

여기에 적용되는 기본세율은 종합소득세율과 같다.

2019년 이후 퇴직소득 산출세액 계산방법이 변경되었다.

〈표 4-3〉 기본세율

과 세 표 준	세 율
1,400만원 이하	6%
1,400만원 초과 5,000만원 이하	84만원+1,400만원 초과금액의 15%
5,000만원 초과 8,800만원 이하	624만원+5,000만원 초과금액의 24%
8,800만원 초과 1억 5천만원 이하	1,536만원+8,800만원 초과금액의 35%
1억 5천만원 초과 3억원 이하	3,709만원+1억 5천만원 초과금액의 38%
3억원 초과 5억원 이하	9,409만원+3억원 초과금액의 40%
5억원 초과 10억원 이하	1억 7,409만원+5억원 초과금액의 42%
10억원 초과	3억 8,409만원+10억원 초과금액의 45%

⋮ 나비법씨의 퇴직소득 산출세액

퇴직소득 과세표준금액인 7억 2,550만원에 기본세율을 적용한 후 [5년(근속연수) / 12]을 곱하면 산출세액은 약 1억 1,200만원이 된다.

NOTE 임원의 퇴직소득 한도액

임원의 경우 퇴직소득 한도액이 있어 퇴직소득 한도액을 초과하는 경우 그 초과금액은 퇴직소득이 아닌 근로소득으로 본다.

5 CASE 근로소득세의 계산

> **사례연구**   퇴직소득세에 대한 이러한 조언에 나소장은 자신이 지난 5년간 받았던 근로소득에 대한 세금과 비교해 보고 싶어졌다. 학구적인 나소장은 일시에 받는 퇴직소득이 매년 나누어서 받는 근로소득에 비해 세부담이 실제로 적은지 확인하고 싶어 하고 있다. 나소장은 지난 5년간 연봉 1억원씩 총 5억원의 근로소득을 수령하였다.
>
> **조언방향**   나소장은 (주)연우전자에 5년간 근무하면서 근로소득으로 5억원, 퇴직소득으로 5억원 등 총 10억원을 지급받았다. 근로소득을 5년간 5억원을 지급받은 경우 부담세액을 계산해 보자.

이론정리 및 심화학습

근로소득세의 계산

(1) 근로소득 과세표준 계산

매년 근로소득 1억원을 지급받는 경우(종합소득공제액은 525만원으로

> 근로소득공제는
> 필요경비적 공제이다.

가정한다) 과세표준 계산은 다음에 의한다.

| 과세표준 | = | 근로소득수입금액 | − | 근로소득공제 | − | 종합소득공제 |

근로소득공제금액은 다음과 같다. (2,000만원 한도)

〈표 4-4〉 근로소득공제

구 분	내 용
500만원 이하	총급여액의 70%
500만원 초과 1,500만원 이하	350만원+(총급여액−500만원)×40%
1,500만원 초과 4,500만원 이하	750만원+(총급여액−1,500만원)×15%
4,500만원 초과 1억원 이하	1,200만원+(총급여액−4,500만원)×5%
1억원 초과	1,475만원+(총급여액−1억원)×2%

이에 따라 계산한 근로소득공제금액은 다음과 같이 1,475만원이 된다.
1,200만원+(1억원−4,500만원)×5% = 1,475만원

종합소득공제로 가정한 금액은 525만원이므로 과세표준은 다음과 같이 8,000만원이 된다.

| 과세표준
(8,000만원) | = | 근로소득수입금액
(1억원) | − | 근로소득공제
(1,475만원) | − | 종합소득공제
(525만원) |

■ 종합소득세율은 8단계
누진세율(6%~45%)로 되어 있다.

(2) 근로소득 산출세액 계산

근로소득 산출세액은 과세표준에 종합소득세율을 곱하여 계산한다.

근로소득 산출세액 = 근로소득 과세표준 × 종합소득세율

〈표 4-5〉 종합소득세율

과 세 표 준	세 율
1,400만원 이하	6%
1,400만원 초과 5,000만원 이하	84만원+1,400만원 초과금액의 15%
5,000만원 초과 8,800만원 이하	624만원+5,000만원 초과금액의 24%
8,800만원 초과 1억 5천만원 이하	1,536만원+8,800만원 초과금액의 35%
1억 5천만원 초과 3억원 이하	3,709만원+1억 5천만원 초과금액의 38%
3억원 초과 5억원 이하	9,409만원+3억원 초과금액의 40%
5억원 초과 10억원 이하	1억 7,409만원+5억원 초과금액의 42%
10억원 초과	3억 8,409만원+10억원 초과금액의 45%

이에 따라 계산한 나비법씨의 근로소득 산출세액은 1,344만원[≒624만원+(8,000만원-5,000만원) × 24%]이 된다.

(3) 총부담세액

따라서 1년에 1억원씩 5년간 5억원의 급여를 받은 경우 근로소득세 총부담액은 6,720만원(=1,344만원×5년)이 된다.

근로소득세와 퇴직소득세의 비교

사례연구 이러한 계산결과에 나소장은 퇴직소득이 근로소득에 비해 세부담이 훨씬 적을 것이라는 자신의 생각과 다르자 많이 당황하고 있다. 이에 나소장은 근로소득과 퇴직소득 중에서 어떤 소득으로 지급받는 것이 유리한지에 대해 문의하고 있다.

조언방향 전에는 근로소득에 비해 퇴직소득이 세부담 측면에서 훨씬 유리했던 것이 사실이다. 그러나 2013년 개정세법에 의해 점차적으로 퇴직소득의 세부담이 가중되었다. 따라서 가장 좋은 방법은 근로소득과 퇴직소득을 적절히 조정하여 세부담을 줄여야 한다.

현실적 퇴직이 아닌 경우

사례연구   (주)연우전자에 납품을 하고 있는 영세중소기업인 (주)영세에서는 근로자에게 퇴직금을 1년을 기준으로 매년 지급하겠다고 하고 있다. (주)영세의 경영진은 퇴직금의 누적효과가 부담스러워 매년 1년을 기준으로 정산하는 것이 유리하다는 판단이다.

조언방향   위의 경우처럼 회사의 사정에 의해 퇴직급여를 1년 기준으로 매년 지급하는 경우에는 현실적 퇴직으로 보지 않는다. 따라서 회사는 1년을 기준으로 지급하여도 퇴직금의 지급이 아니라 업무무관 가지급금이 되고 근로자는 실제 퇴직시에 그 동안의 누적된 퇴직금의 지급을 요구할 수 있다.

현실적 퇴직이 아닌데 퇴직금을
지급하면 업무무관가지급금으로 본다.

이론정리 및 심화학습

⋮ 현실적 퇴직으로 보지 않는 경우

다음의 경우에는 현실적 퇴직으로 보지 않기 때문에 퇴직금을 지급하였어도 퇴직소득으로 보지 않고 업무무관 가지급금으로 본다.
① 임원이 연임된 경우
② 법인의 대주주 변동으로 인하여 계산의 편의, 기타사유로 전(全)근로자에게 퇴직급여를 지급한 경우
③ 외국법인의 국내지점 종업원이 본점(본국)으로 전출하는 경우
④ 정부투자기관 등이 민영화 됨에 따라 전 종업원의 사표를 일단수리한 후 재채용한 경우
⑤ 「근로자 퇴직급여 보장법」에 따라 퇴직급여를 중간정산하기로 하였으나 실제로 지급하지 아니한 경우

CASE 8 퇴직금의 중간정산

사례연구 유재욱씨 부서의 이우진 대리는 이번에 집을 장만하면서 회사에서 퇴직금 중간정산을 받아 중도금을 치르고 있다. 유재욱씨는 퇴직금 중간정산을 하는 것보다 퇴직시 퇴직금을 한꺼번에 받는 것이 누적효과가 크기 때문에 자신은 중간정산을 하지 않으려고 한다.

유재욱씨는 이처럼 중간정산의 경우도 퇴직소득으로 보는지 문의하고 있다.

조언방향 퇴직금 중간정산의 경우 현실적 퇴직으로 보아 퇴직소득세를 과세한다. 그러나 이러한 중간정산의 경우 무조건 인정되는 것이 아니라 근로자 퇴직급여보장법상 주택구입 등의 사유가 있어야 현실적 퇴직으로 인정된다.

이론정리 및 심화학습

••• (주)연우전자의 만년부장이었던 이만년 부장은 그동안 자존심이 상해 퇴사할 것이라는 주위의 기대(?)에도 불구하고 불굴의 투지로 버티다가 드디어 이번에 임

원으로 승진하게 되었다. 그런데 이만년 부장은 임원승진시 회사에서 퇴직금을 지급하자 임원승진도 퇴직으로 보는지 문의하고 있다.

종업원이 임원으로 취임한 경우에는 현실적 퇴직으로 본다. 따라서 이만년 부장에 대한 퇴직금 지급은 퇴직소득으로 본다.

현실적 퇴직으로 보는 경우

퇴직급여를 실제로 지급한 다음의 경우에는 현실적 퇴직으로 본다.
① 법인의 직원이 임원으로 취임한 경우
② 법인의 상근임원이 비상근임원이 된 경우
③ 법인의 임직원이 조직변경·합병·분할 또는 사업양도에 의하여 퇴직한 경우
④ 『근로자퇴직급여보장법』상의 사유에 따라 퇴직급여를 중간정산한 경우
⑤ 정관 또는 퇴직급여지급규정에 따라 퇴직급여를 중간정산하여 임원에게 지급한 경우

9 CASE 퇴직연금

사례연구 (주)연우전자에서는 퇴직연금의 도입을 신중히 검토하고 있다. 그런데 퇴직연금제도가 도입되면 나중에 퇴직연금을 받을 때 퇴직소득세가 과세되는지 유재욱씨는 문의하고 있다. 퇴직연금을 일시불로 받지 않고 연금의 형태로 나누어서 받게 되는 경우에도 퇴직소득으로 과세하는지에 대한 질문이다.

조언방향 퇴직연금을 연금의 형태로 지급받는 경우에는 퇴직소득이 아닌 연금소득으로 과세한다. 이러한 연금소득은 종합소득 중의 하나이므로 다른 종합소득과 합산과세한다. 그러나 퇴직연금을 연금의 형태가 아닌 일시금으로 수령하는 경우에는 퇴직소득으로 과세한다.

이론정리 및 심화학습

퇴직연금

회사는 『근로자퇴직급여보장법』상의 퇴직금제도 외에 퇴직연금제도를 도입할 수 있다. 그런데 퇴직연금제도는 크게 확정기여형(DC)과 확정급

> 퇴직연금에는 확정기여형(DC)와
> 확정급여형(DB)이 있다.

여형(DB) 2가지로 나누어진다.

(1) 확정기여형(Defined Contribution)

확정기여형은 노사가 사전에 부담할 기여금을 확정하고 적립금을 근로자 자신의 직접책임으로 운영하는 퇴직연금을 말한다. 확정기여형에서는 근로자본인이 자신의 개인계좌를 갖고 적립금을 운용하기 때문에 나중에 수령하는 퇴직연금액은 운용실적에 따라 변동된다.

(2) 확정급여형(Defined Benefit)

확정급여형은 근로자의 연금급여가 사전에 확정되어 있고 사용자의 적립부담금이 적립금의 운용결과에 따라 변동하는 것으로 운용결과에 대한 책임을 회사가 지게 된다. 이러한 확정급여형은 과거에 시행되던 퇴직보험과 비슷한 형태이다.

퇴직연금 수령시

퇴직연금을 연금의 형태로 지급받는 경우에는 연금소득으로 과세하고 연금의 형태가 아닌 일시금으로 수령하는 경우에는 퇴직소득으로 과세한다.

■ 확정기여형(DC)은 근로자 개인이,
■ 확정급여형(DB)은 회사가 운용책임을 진다.

〈표 4-6〉 수령형태별 과세

구 분	내 용
연금으로 수령	연금소득으로 과세
일시금으로 수령	퇴직소득으로 과세

〈표 4-7〉 확정기여형과 확정급여형의 비교

구 분	확정기여형(DC)	확정급여형(DB)
개 요	근로자가 자기 책임하에 운용하며 노사가 사전에 부담할 기여금을 확정함	노사가 사전에 근로자의 연금급여를 확정함
회사기여금	근로자가 연간 임금총액의 1/12 이상에서 노사합의에 의해 사전결정	운용수익률 변동시 변동함
위험부담	근로자가 자기책임하에 운용	운용결과에 대한 위험은 회사가 부담
퇴직연금액	운용실적에 따라 달라짐	1년에 30일분의 평균임금 이상으로 확정
지급보장	원리금 보장상품을 포함하는 등의 운용방법을 지도함	회사외부에 의무적립제도(100%)를 통해 지도함

국민연금과 연금저축

사례연구   유재욱씨는 국민연금과 퇴직연금만으로는 노후생활이 보장되지 않는다고 생각하고 납입보험료의 12%를 세액공제^(주)해주는 연금저축을 따로 가입하려고 하고 있다. 그런데 유재욱씨는 이러한 개인연금(연금저축)과 나중에 자신이 받게 되는 국민연금에 대해서는 어떤 세금이 과세되는지 궁금해하고 있다.

(주) 2장 사례연구 17번 참조

조언방향   국민연금의 수령시 연금소득으로 과세하는 것이 원칙이지만 국민연금을 일시금으로 받는 경우에는 퇴직소득으로 과세한다. 그리고 개인연금인 연금저축의 경우에는 연금으로 수령시에는 연금소득으로 과세하지만 일시금으로 수령하는 경우에는 기타소득으로 과세한다.

이론정리 및 심화학습

공적연금

국민연금과 공무원연금 등의 공적연금을 납입하는 경우 근로자 납입액은 전액 소득공제^(주)해준다. 그리고 국민연금 등을 수령할 때는 연금소득(연

> 국민연금 등 공적연금의 근로자
> 납입액은 전액 소득공제 대상이다.

금으로 수령시) 또는 퇴직소득(일시금으로 수령시)으로 과세한다.

(주) 법인이 부담한 사용자부담금은 법인세법상 손금산입한다.

연금저축

사적연금인 연금저축(개인연금)을 가입하는 경우에는 납입액(연간 600만원 한도)의 12%(총급여 5,500만원, 종합소득 4,500만원 이하인 자는 15%)를 세액공제한다. 그리고 연금저축을 중도해지하는 경우와 연금 이외의 형태로 지급받는 경우에는 기타소득으로 과세한다.

〈표 4-8〉 연금수령시 과세소득 구분

구 분		내 용
국민연금	연금으로 수령시	연금소득으로 과세
	일시금으로 수령시	퇴직소득으로 과세
연금저축	연금으로 수령시	연금소득으로 과세
	일시금으로 수령시	기타소득으로 과세

NOTE

연금저축납입액(600만원 한도)과 퇴직연금 개인납입분을 합하여 900만원을 한도로 12%(15%)의 연금세액공제를 받을 수 있다.

연금소득의 범위

사례연구 국민연금과 공무원연금 등의 공적연금과 연금저축 등의 사적연금 모두 연금수령시 종합소득에 속하는 연금소득으로 과세한다는 말에 유재욱씨는 놀라면서 노후생활을 위해 수령하는 연금에 대해 세금을 부과한다는 것은 말도 안 된다며 흥분하고 있다. 그리고 공적연금 납입시 소득공제와 연금저축 납입시 세액공제를 해준다고 생색내면서 연금수령시 연금소득으로 소득세를 과세한다면 조삼모사(朝三暮四)와 뭐가 다르냐며 허탈해하며 도대체 과세되는 연금소득의 범위는 어떻게 되는지 문의하고 있다.

조언방향 공적연금과 사적연금 모두 연금수령시 연금소득으로 소득세를 과세한다. 그리고 연금소득은 종합소득 중에 하나이기 때문에 다른 종합소득이 있는 경우 합산하여 종합과세한다. 심화학습에서 자세히 살펴보자.

■ 공적연금과 사적연금 모두
■ 연금수령시 소득세가 과세된다.

이론정리 및 심화학습

⋮ 연금소득의 범위

소득세법상 연금소득은 다음의 소득을 말한다.

(1) 공적연금
① 국민연금 : 국민연금법에 의해 지급받는 각종 연금
② 특수직연금 : 공무원연금법·군인연금법·사립학교교직원연금법·별정우체국법에 의해 지급받는 연금

(2) 사적연금
① 연금저축(개인연금) : 연금저축에 가입하고 연금형태로 지급받는 소득
② 퇴직연금(주) : 근로자퇴직급여보장법에 따라 연금형태로 지급받는 소득

(주) 퇴직연금제도 도입 전 퇴직보험을 가입한 경우 퇴직보험의 보험금을 연금형태로 지급받는 것도 연금소득으로 과세한다.

●●● 그러자 유재욱씨는 국민연금의 경우 본인이 사망하면 유족이 받게 되는 유족연금은 절대 필요한 사회안전망인데 최소한 이런 유족연금에 대해서는 비과세하는 것이 옳지 않느냐며 항변하고 있다.

옳은 지적이다. 그래서 현행 소득세법상 국민연금법에 의해 수령하는 유족연금 등은 비과세 연금소득이다.

> 퇴직연금에는 확정기여형(DC)와
> 확정급여형(DB)이 있다.

비과세 연금소득

연금소득 중 다음에 해당하는 소득은 비과세한다.
① 국민연금법에 의해 지급받는 유족연금·장애연금
② 공무원연금법·국민연금법·사립학교교직원연금법·별정우체국법에 의해 지급받는 유족연금·장애연금·상이연금
③ 산업재해보상보험법에 의해 지급받는 각종 연금

12 CASE 연금소득 과세방법

사례연구 유재욱씨는 연금소득이 과세되는 것은 물론, 다른 종합소득이 있는 경우 타종합소득과 합산과세하여 종합신고해야 한다는 소리에 정말 점입가경(漸入佳境)이라며 실소(失笑)를 금하지 못하고 있다. 유재욱씨는 수령연금이 많지 않는 경우에도 연금소득은 무조건 종합신고해야 하는지와 연금소득공제 등의 혜택이 없는지에 대해서 문의하고 있다.

조언방향 공적연금은 무조건 종합과세하나 사적연금의 경우 이하이면 원천징수에 의한 분리과세를 선택할 수 있다.

이론정리 및 심화학습

▪ 선택적 분리과세

공적연금의 경우 지급시 연금소득간이세액표에 의해 원천징수하고 사적연금(연금저축 등)의 경우에는 지급시 5.5%(=소득세 5%+지방소득세

0.5%)의 세율^(주1)로 원천징수한다. 그런데 사적연금은 종합과세하지 않고 원천징수^(주2)에 의한 납세의무 종결을 선택할 수 있다.

(주1) 연금수령일 현재 70세 이상 ~ 80세 미만 4.4%, 80세 이상 3.3%로 원천징수한다.
(주2) 1,200만원 이하시 3.3% ~ 5.5%, 1,200만원 초과시 16.5%로 원천징수한다.

연금소득금액의 계산

연금소득금액은 총연금액에서 연금소득공제를 차감한 금액으로 한다.

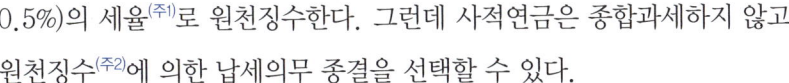

(주3) 총연금액은 비과세 연금소득과 분리과세 연금소득을 제외한 금액이다.

연금소득공제

연금소득공제금액은 다음과 같다. 다만, 연금소득공제금액이 900만원을 초과하는 경우에는 900만원을 한도로 한다.

〈표 4-9〉 연금소득공제

총 연 금 액	연 금 소 득 공 제 액
350만원	전 액
350만원 초과 700만원 이하	350만원+350만원 초과액×40%
700만원 초과 1,400만원 이하	490만원+700만원 초과액×20%
1,400만원 초과	630만원+1,400만원 초과액×10%

퇴직소득과 연금소득

1. 퇴직소득의 범위

퇴직소득은 회사에서 정한 퇴직급여지급규정에 의해 지급해야만 퇴직소득으로 보아 퇴직소득세를 과세한다. 퇴직급여지급규정에 의한 퇴직금 외에 따로 퇴직위로금 등을 지급하는 경우에는 퇴직소득이 아닌 근로소득으로 보아 근로소득세를 과세한다.

2. 근로자퇴직급여보장법

세법상 퇴직금의 하한(최소한 지급해야 하는 금액)에 대한 규정은 없다. 그러나 『근로자퇴직급여보장법』에 의해 근로기간 1년에 대해 30일 이상의 평균임금을 근로자에게 퇴직금으로 지급해야 하기 때문에 이 금액 이상으로 퇴직금을 설정하는 것이 일반적이다.

3. 법인세법상 퇴직급여의 손금산입

사용인에게 지급하는 퇴직급여는 법인세법상 금액의 제한 없이 손금에 산입되지만 임원의 경우에는 퇴직급여 지급규정에 정해진 금액(규정이 없는 경우에는 퇴직 전 1년간 총급여액의 10%에 근속연수를 곱한 금액)을 한도로 손금산입이 된다.

4. 퇴직소득과 근로소득의 비교

근로소득은 종합소득 중에 하나이므로 다른 종합소득이 있는 경우에는 합산과세하지만 퇴직소득은 분류과세에 의해 종합소득과 합산하지 않고 별개로 과세된다.

5. 퇴직소득의 과세표준

환산급여에서 환산급여에 따른 차등공제액을 차감한 금액을 퇴직소득의 과세표준으로 한다.

6. 현실적 퇴직으로 보지 않는 경우

다음의 경우에는 현실적 퇴직으로 보지 않기 때문에 퇴직금을 지급하였어도 퇴직소득으로 보지 않고 업무무관 가지급금으로 본다.
① 임원이 연임된 경우
② 법인의 대주주 변동으로 인하여 계산의 편의, 기타사유로 전(全)근로자에게 퇴직급여를 지급한 경우
③ 외국법인의 국내지점 종업원이 본점(본국)으로 전출하는 경우
④ 정부투자기관 등이 민영화 됨에 따라 전 종업원의 사표를 일단 수리한 후 재채용한 경우
⑤ 「근로자 퇴직급여 보장법」에 따라 퇴직급여를 중간정산하기로 하였으나 실제로 지급하지 아니한 경우

7. 현실적 퇴직으로 보는 경우

다음의 경우에는 현실적 퇴직으로 보아 퇴직금 지급시 퇴직소득으로 본다.

① 법인의 직원이 임원으로 취임한 경우
② 법인의 상근임원이 비상근임원이 된 경우
③ 임직원이 조직변경·합병·분할·사업양도에 의하여 퇴직한 경우
④ 『근로자퇴직급여보장법』상의 사유에 따라 중간정산한 경우
⑤ 정관·퇴직급여지급규정에 따라 중간정산하여 임원에게 지급한 경우

8. 퇴직연금

(1) 확정기여형(DC : Defined Contribution)

확정기여형(DC)은 노사가 사전에 부담할 기여금을 확정하고 적립금을 근로자 자신의 직접책임으로 운영하는 퇴직연금을 말한다. 확정기여형(DC)에서는 근로자본인이 자신의 개인계좌를 갖고 적립금을 운용하기 때문에 나중에 수령하는 퇴직연금금액은 운용실적에 따라 변동된다.

(2) 확정급여형(DB : Defined Benefit)

확정급여형(DB)은 근로자의 연금급여가 사전에 확정되어 있고 사용자의 적립부담금이 적립금의 운용결과에 따라 변동하는 것으로 운용결과에 대한 책임을 회사가 지게 된다. 이러한 확정급여형(DB)은 과거에 시행되던 퇴직보험과 비슷한 형태이다.

9. 국민연금

국민연금과 공무원연금 등의 공적연금은 연금기여금 납입액을 전액 소득공제해 준다. 그리고 연금을 수령할 때는 연금소득(연금으로 수령시)이나 퇴직소득(일시금으로 수령시)으로 과세한다.

10. 연금저축(개인연금)

연금저축(개인연금)을 가입하는 경우에는 납입보험료(600만원 한도)의 12%(15%)를 세액공제한다. 그리고 만기 후 연금수령시 연금소득으로 과세하지만 연금저축을 중도해지하는 경우와 연금 이외의 형태로 지급받는 경우에는 기타소득으로 과세한다.

11. 연금소득

(1) 연금소득 범위 : 공적연금과 사적연금 모두 연금수령시 연금소득으로 과세한다. 이러한 연금소득은 종합소득에 속하므로 다른 종합소득이 있는 경우 합산과세한다.

(2) 선택적 분리과세 : 사적연금은 원천징수(1,200만원 이하시 3.3% ~ 5.5%, 1,200만원 초과시 16.5%)에 의한 납세의무 종결을 선택할 수 있다.

05

직장인의 주택과 세금

하루 빨리 아파트를 장만하는 것이 꿈인 고석훈씨는 아파트 구입자금 마련도 중요하지만 주택관련 세금에 대해서도 미리 공부해 두고자 한다. 고석훈씨는 주택관련세금 중 가장 중요한 양도소득세는 물론 주택의 구입과 관련된 세금(취득세, 교육세, 농어촌특별세)과 주택보유시 부담세금(재산세, 종합부동산세) 등에 대해 종합적으로 학습하고 있다.

1 주택구입시 세금
CASE

> **사례연구** 고석훈씨는 얼마 전 이우진 대리가 아파트를 구입하는 것을 보고 매우 부러워하고 있다. 그런데 이우진씨는 아파트 구입비용 외에도 취득세와 등록세 등 여러 부대비용이 많다고 불평하고 있다. 고석훈씨는 아파트 구입시 취득세 등 부담해야 하는 세금의 종류과 금액은 얼마나 되는지 문의하고 있다.
>
> **조언방향** 주택구입시에는 취득세와 지방교육세 그리고 농어촌특별세 등의 세금을 부담해야 한다. 아래에서 자세히 살펴보자.

이론정리 및 심화학습

⋮ 주택구입시 부담세금

주택을 구입할 때 부담해야 하는 세금은 취득세와 (지방)교육세, 그리고 농어촌특별세가 있다.

(1) 취득세

취득세는 원칙적으로 4%이나 주택의 경우 1%~3%[주]의 취득세를 부담한

주택구입시 취득세와
지방교육세 등을 부담해야 한다.

다. 그리고 취득세는 취득 후 60일 이내에 해당 시·군·구청에 신고·납부해야 한다.

(주) 조정대상지역 2주택 및 그 외 지역 3주택은 8%, 조정대상지역 3주택 및 그 외 지역 4주택 및 법인은 12%

〈표 5-1〉 주택구입시 취득세율

주 택 가 액	취 득 세 율
6억원 이하	1%
6억원 초과 9억원 이하	(취득가액 × $\frac{2}{3억원}$ − 3) × $\frac{1}{100}$
9억원 초과	3%

(2) 교육세

주택의 경우 과세표준(주)의 20%의 (지방)교육세를 부담해야 한다.

(주) 유상취득 주택의 경우 [취득세 과세표준×취득세율×50%]가 교육세 과세표준이다.

NOTE

전용면적 85㎡(25.7평) 이하인 경우에는 농어촌특별세가 비과세되지만 85㎡를 초과하는 주택에 대해서는 농어촌특별세를 부담해야 한다.

2 CASE 1세대 1주택 비과세

사례연구   (주)연우전자에서 주식 관련 재테크의 달인으로 통하는 박우주 대리는 5년 전 주택을 2채(두 채 다 2년 이상씩 거주하였음) 구입하였다. 주식 관련 재테크에는 능하지만 부동산지식이 많지 않은 박대리는 주식투자를 위해 올해 3월 1일 대방동 집을 팔았다. 그런데 먼저 처분한 대방동 집의 경우에는 당연히 1세대 2주택이어서 양도소득세를 내야 할 것은 알고 있는데 방배동 집은 언제 양도해야 1세대 1주택으로 보아 비과세대상이 될 수 있는지 궁금해하고 있다.

조언방향   나중에 양도하는 방배동 집도 비과세된다. 왜냐하면 양도일 현재 1주택이고 2년 이상 보유했기 때문이다.

이론정리 및 심화학습

1세대 1주택 비과세 규정

1세대 1주택으로서 2년 이상 보유(조정대상지역은 2년 거주)한 주택에 대해서 양도소득세를 비과세한다. 그런데 2주택 이상을 보유한 1세대가

> 양도가액 12억원을 초과하는
> 고가주택은 비과세를 배제한다.

1주택(A) 외의 주택을 모두 양도한 경우에는 그 주택(A)의 취득일부터 보유기간을 계산한다.

고가주택의 비과세 배제

1세대 1주택으로 2년 이상 보유해서 비과세요건을 충족한 경우에도 양도가액이 12억원을 초과하는 고가주택에 대해서는 비과세적용을 배제한다.

CASE 3. 1세대의 의미

사례연구   작년에 공업고등학교를 졸업하고 (주)연우전자의 구미공장에 입사한 권영관군은 20세로 매우 성실한 청년이다. 5년 안에 주택을 마련하여 빨리 결혼하는 것이 꿈인 권영관군은 미혼인 자신과 같은 경우에도 세법상 1세대가 될 수 있는지 궁금해하고 있다.

조언방향   1세대란 원칙적으로는 배우자와 생계를 같이 하는 가족 등으로 구성된 것이지만 배우자가 없는 경우에도 1세대를 구성할 수 있는 예외조항이 있다. 권영관군은 소득세법상 소득이 있으므로 예외조항에 의해 세법상 1세대를 구성할 수 있다.

이론정리 및 심화학습

1세대 요건

1세대란 거주자 및 배우자가 그들과 동일한 주소 또는 거소에 생계를 같이하는 가족과 함께 구성한 집단을 말한다. 따라서 원칙적으로 1세대란 배우자가 있어야 하지만 다음의 경우에는 예외적으로 배우자가 없어도 1세대를 구성할 수 있다.

30세 이상인 경우 배우자가 없어도 1세대로 본다.

① 해당 거주자의 연령이 30세 이상인 경우
② 배우자가 사망하거나 이혼한 경우
③ 소득세법상 소득이 일정 금액 이상인 경우(미성년자는 제외하나 미성년자의 결혼, 가족의 사망 등으로 1세대 구성이 불가피한 경우에는 그렇지 않다)

이사를 위한 일시적 1세대 2주택

사례연구 10년 전 구입한 단독주택에서 살아온 나단독씨는 아이들이 장성함에 따라 좀 더 넓은 아파트로 이사를 가려고 고민하던 중 이번에 급매로 나온 아파트가 있다는 아내의 얘기에 계약을 서두르고 있다. 그런데 나단독씨는 자신의 단독주택을 양도하기 전에 먼저 아파트를 구입하게 되면 단독주택을 양도할 때 1세대 2주택이 되어 비과세를 받을 수 없는 것 아니냐며 걱정하고 있다.

조언방향 그렇지 않다. 이사갈 집을 구입한 후 3년 이내에 기존주택을 양도하는 경우에는 1세대 2주택이지만 특례규정을 적용하여 비과세한다. 물론 기존주택 양도시 기존주택이 1세대 1주택 비과세요건을 갖추어야 한다.

5 CASE 취득(양도)시기

사례연구   이러한 조언에 나단독씨는 세법상 주택의 취득시기(양도시기)는 언제인지 궁금해하고 있다. 기존주택이 단독주택이어서 처분하는 데 시간이 오래 걸릴 수도 있다는 생각에 이사갈 아파트의 취득시기를 가능하면 늦추려는 생각에서이다.

조언방향   원칙적으로 세법상 취득시기는 실제로 잔금을 청산한 날이다. 매매계약서상에 잔금지급약정일이 아님에 주의해야 한다. 그러나 잔금청산 전에 소유권이전등기를 해준 경우에는 소유권이전 등기접수일이다.

이론정리 및 심화학습

⋮ 원칙적인 취득(양도)시기

원칙적인 취득(양도)시기는 실제로 잔금을 청산한 날과 소유권이전 등기접수일 중 빠른 날이다.

••• 나단독씨의 친구인 이입주씨는 이번에 재건축아파트를 조합원분양이 아닌 일

■ 원칙적인 취득(양도)시기는
실제잔금청산일이다.

반분양을 받았다. 그런데 자신과 같은 경우에는 언제를 취득시기로 보는지 궁금해 하고 있다. 분양대금은 한 달 전 다 지급했는데 아직 아파트가 완공되지 않아 입주를 하지 못한 상태이다.

원칙적으로 일반분양권을 매입한 경우 잔금청산일이 취득시기이지만 이 입주씨처럼 잔금청산일까지 그 목적물이 완성되지 않은 경우에는 완성된 날을 취득일로 본다.

〈표 5-2〉 취득(양도)시기

구 분	취득(양도)시기
원 칙	대금청산일
대금청산 전 소유권이전	등기접수일
대금청산일 불분명	
장기할부조건	등기접수일·인도일·사용수익일 중 빠른 날
자가건설 건축물	사용검사필증교부일·사용승인일· 사실상 사용일 중 빠른 날

혼인으로 인한 1세대 2주택

사례연구 (주)연우전자의 대표적인 노총각인 43세의 노만호 부장이 드디어 올드미스인 고객관리팀의 38세 나혜심 과장과 사내 결혼을 발표하여 회사를 깜짝 놀라게 하고 있다. 그런데 대표적인 알뜰파인 이들은 결혼 전에 이미 자신들의 명의로 아파트가 1채씩이다. 결혼하면 1세대 2주택이 될 것이 걱정되는 이들은 어떻게 하면 좋은지 고민하고 있다.

조언방향 혼인으로 인해 세대를 합하여 2주택이 된 경우에는 혼인한 날로부터 5년 이내에 먼저 양도하는 주택은 1세대 1주택으로 보아 비과세를 받을 수 있다. 물론 이 경우 양도하는 주택은 양도일 현재 2년 이상 보유해야 한다.

부모님과 합가한 경우

사례연구 이러한 조언에 노만호 부장 부부는 결혼 2년 후 주택 1채를 양도하여 비과세 적용을 받았다. 그런데 부인 나혜심씨가 육아를 위해 퇴직을 하자 갑자기 줄어든 수입에 고민하던 이들 부부는 생활비를 굳힐 생각으로 홀로 계신 시아버지(75세) 노명분씨를 모신다는 명분으로 합가를 생각하고 있다. 하지만 시아버지는 이를 눈치채고 합가하면 1세대 2주택이 되어 비과세혜택을 받을 수 없다는 명분을 내세워 합가를 반대하고 있다.

조언방향 부모 봉양을 위해 합가한 경우에도 합가일로부터 10년 이내에 양도하는 주택은 1세대 1주택으로 보아 비과세한다.

이론정리 및 심화학습

∷ 합가로 인한 1세대 2주택

60세 이상의 부모님⁽주⁾을 동거봉양하기 위해 세대를 합친 경우, 합친 날로부터 10년 이내에 양도하는 주택은 1세대 1주택으로 보아 비과세한다. 물론 이때 양도하는 주택이 2년 보유의 요건을 충족한 주택이어야 한다.

> 혼인·합가로 세대를 합친 경우
> 10년 이내 양도하는 주택은 비과세한다.

(주) 부모님 중 한 분만 60세 이상이면 된다.
(주) 시행규칙으로 정하는 중대한 질병 등이 발생한 60세 미만의 부모님을 포함한다.

••• 아버지의 반대에 실망한 노만호씨는 이에 굴하지 않고 장인어른 댁에라도 들어가 생활비를 굳힐 예정이다. 평소에 아무 생각 없고 사람 좋은 장인 나무심씨는 역시 반대하지 않고 있다. 그런데 이런 경우에도 합가한 날로부터 5년 이내에 양도하면 비과세가 될까?

그렇다. 부모님 봉양을 위해 세대를 합친 경우에 적용하는 특례규정은 장인·장모를 포함한다. 따라서 합가일로부터 10년 이내에 양도하는 주택은 비과세한다.

8 상속주택의 경우

사례연구   장인 댁에라도 들어가서 생활비를 굳힐 생각을 구체화하던 노만호씨는 아버지 노명분씨가 갑자기 돌아가시자 모든 계획을 포기하였다. 평소에 아버님께 잘해드리지도 못했는데 폐만 끼치려고 했던 자신에 대해 노만호씨는 자책하고 있다. 그러나 그런 생각도 잠시…. 노만호씨는 "외아들인 내가 아버지 집을 상속받게 될 것이고 그러면 1세대 2주택이 될 텐데"라며 이런 경우 어떻게 해야 하는지 머릿속이 복잡하다.

조언방향   상속받은 주택은 양도소득세를 과세한다. 그러나 자신의 주택을 양도하는 경우 상속주택은 주택수 계산에 포함하지 않는다. 따라서 노만호씨가 상속받은 주택을 먼저 팔게 되면 양도소득세가 과세되지만 자신의 주택을 먼저 양도하는 경우에는 1세대 1주택 비과세혜택을 받을 수 있다.

> 상속받은 주택도 원칙적으로
> 양도소득세 과제대상이다.

이론정리 및 심화학습

상속주택

상속받은 주택도 원칙적으로 양도소득세 과세대상이지만 자신의 주택(상속개시일 전 2년 이내에 피상속인으로부터 증여받은 주택 제외)을 먼저 양도하는 경우 상속주택은 주택수 계산에 포함하지 않는다.

〈표 5-3〉 상속주택으로 1세대 2주택이 된 경우

구 분	과 세 여 부
상속주택을 먼저 양도시	1세대 2주택으로 보아 양도소득세를 과세한다.
자기주택을 먼저 양도시	양도시점으로 2년 보유 요건 충족시 비과세한다.

••• 이러한 조언에 노만호씨의 친구 진중필씨는 자신의 아버님은 2채의 주택이 있는데 이런 경우 자신과 동생 진하필씨에게 각각 1채씩을 상속해 주면 되겠다면서 조언에 고마워하고 있다.

그렇지 않다. 상속주택 특례규정은 피상속인(돌아가신 분)이 상속개시 당시 2채 이상의 주택을 소유한 경우에는 아래의 순서에 따른 1주택에 대해서만 위의 규정을 적용한다.

■ 본인 주택 양도시 상속주택은
■ 주택수 계산에 포함하지 않는다.

① 피상속인이 소유한 기간이 가장 긴 주택
② 피상속인이 거주한 기간이 긴 주택
③ 상속개시 당시 피상속인이 거주한 주택
④ 기준시가가 높은 주택
⑤ 상속인이 선택하는 주택

●●● 만일 노만호씨가 외아들이 아니라 동생도 있어 아버지의 주택을 공동으로 상속받은 경우에는 누구의 상속주택으로 볼까?

공동상속의 경우에는 상속지분이 큰 상속인이 상속주택을 소유한 것으로 본다. 만일 상속지분이 동일한 경우에는 다음 순서에 의해 공동상속주택의 소유자를 결정한다.

① 당해 주택에 거주하는 상속인
② 최연장자

9 겸용주택의 경우

사례연구   (주)연우전자를 전무로 퇴사한 반재민씨는 안정적인 생활을 위해 퇴직금과 자신의 주택을 처분한 돈으로 조그만 3층짜리 겸용주택을 사서 임대소득의 창출과 주거를 동시에 해결하려고 하고 있다. 1층은 빵집에 월세로, 그리고 2층은 주거용으로 월세로 임대를 주고 자신은 3층에 거주할 예정이다. 그런데 이런 겸용주택의 경우에는 상가로 보는지 아니면 주택으로 보는지 문의하고 있다.

조언방향   겸용주택의 경우에는 주택으로 사용하는 면적이 상가로 사용하는 면적보다 큰 경우에는 전부를 주택으로 본다. 따라서 반재민씨는 나중에 겸용주택의 양도시 고가주택(12억원)에 해당하지 않으면 비과세혜택을 받을 수 있다.

- 상가사용면적이 주택사용면적보다 크면 주택부분만 주택으로 본다.

이론정리 및 심화학습

겸용주택의 경우

••• 이러한 조언에 반재민씨는 만일 겸용주택 2층을 주거용이 아닌 사업용으로 PC방에 월세로 임대를 주어 상가로 사용하는 부분이 주택면적보다 커지게 된 경우에는 겸용주택을 전부 상가로 보는지 다시 문의하고 있다.

겸용주택의 경우 주택사용면적이 상가사용면적보다 크면 전체를 주택으로 보지만 상가사용면적이 주택사용면적보다 크거나 같으면 전부를 상가로 보는 것이 아니라 주택부분만 주택으로 본다.

〈표 5-4〉 겸용주택의 판정기준

구 분	내 용
주택면적 > 상가면적	전체를 주택으로 본다.
주택면적 ≦ 상가면적	주택만 주택으로 본다.

오피스텔의 경우

사례연구 이러한 조언에 반재민씨는 겸용주택을 구입할 것을 적극 검토하였으나 막판에 절친한 고등학교 동창인 나동창씨의 권유로 주택은 처분하지 않고 퇴직금만으로 오피스텔을 구입하였다. 그런데 구입한 오피스텔을 임대주려고 하는데 벤처기업과 신혼부부 중에서 누구에게 임대를 줄 것인가 고민 중이다. 반재민씨는 오피스텔은 주택으로 보는지 아니면 주택으로 보지 않고 사업용으로 보는지에 대해서도 궁금해하고 있다.

조언방향 오피스텔은 사용용도에 따라 다르다. 즉 오피스텔을 벤처기업에 임대주면 사업용으로 보아 주택으로 보지 않는다. 그러나 신혼부부에게 주거용으로 임대주면 주택으로 보기 때문에 자신의 집을 양도할 때 1세대 2주택이 되어 비과세 적용을 받을 수 없다는 것에 유의해야 한다.

이론정리 및 심화학습

오피스텔의 주택판정 여부

오피스텔은 사용용도에 따라 구분한다.

■ 오피스텔은 사용용도에
  따라 구분한다.

주거용으로 임대를 주면 주택으로 보고 사무실로 임대를 주면 주택으로 보지 않는다.

〈표 5-5〉 오피스텔 판정기준

구 분	내 용
주거용으로 임대주는 경우	주택으로 본다.
사무실로 임대주는 경우	주택으로 보지 않는다.

임대료에 대한 부가가치세

오피스텔을 신혼부부에게 주택으로 임대주는 경우에는 임대료에 대해 부가가치세가 면세이지만 사무실로 임대주는 경우에는 임대료를 받을 때 부가가치세 10%를 받아서 세무서에 납부해야 한다.

〈표 5-6〉 임대료와 부가가치세

구 분	내 용
주택 임대료	부가가치세 면세
상가 임대료	부가가치세 과세

미등기주택과 무허가주택

사례연구 평소에 법은 웬만하면 지키지 않는 무대뽀씨는 이번에 주택을 구입했지만 등기하려면 취득세 등을 내야 하기 때문에 등기이전을 하지 않고 있다. 나중에 주택을 양도할 때도 미등기로 양도하여 양도소득세를 내지 않겠다는 뱃심이다. 세무서에 걸려 봐야 어차피 1세대 1주택이므로 비과세이기 때문에 마찬가지라는 것이다. 반면 무대뽀씨의 친구인 허무한씨는 무허가주택을 구입하여 10년째 살고 있지만 허가가 나지 않아 등기하지 못해 미등기상태이다. 허무한씨는 자신의 무허가주택을 양도하면 비과세가 되지 않을 것이라며 늘 불안해하고 있다.

조언방향 미등기의 경우에는 1세대 1주택을 2년 보유했어도 양도소득세 비과세가 배제된다. 하지만 건축법상의 건축허가를 받지 못해 등기가 불가능해 미등기 상태인 무허가주택은 1세대 1주택으로 2년 보유라는 요건을 충족하면 비과세혜택을 받을 수 있다.

■ 미등기주택은 비과세 배제하지만
무허가주택은 비과세대상이 된다.

이론정리 및 심화학습

미등기주택

미등기상태로 주택을 양도하면 비과세규정을 적용하지 않는다. 뿐만 아니라 장기보유특별공제와 양도소득기본공제(250만원)의 적용이 배제되며 양도소득세율도 무려 70%이다.

미등기로 보지 않는 경우

다음의 자산은 미등기이지만 양도소득세법상 미등기양도자산으로 보지 않아 불이익을 받지 않는다.

① 1세대 1주택으로서 건축허가를 받지 않아 등기가 불가능한 자산(보통 무허가 주택을 의미함)
② 장기할부조건으로 취득한 자산으로 계약조건에 의해 등기가 불가능한 자산
③ 법률결정, 법원결정 등으로 등기가 불가능한 자산 등

〈표 5-7〉 미등기주택과 무허가주택 비교

구 분	내 용
미등기주택	비과세 적용 배제 70%의 양도소득세율 적용
무허가주택	요건 충족시 비과세 적용

전근으로 인한 주택양도

사례연구 알찬은행의 서울 삼성동지점에 근무하던 고구미씨는 이번에 고향인 구미로 발령이 나자 서울에 있는 집을 팔고 구미에 집을 구입할 예정이다. 그런데 서울집에 1년 6개월 정도 거주 중이어서 2년 보유규정을 충족하지 못해 비과세가 되지 않을 것을 걱정하고 있다.

조언방향 전근 등의 사유로 세대전원이 다른 시·군으로 이사함에 따라 주택을 양도하는 경우에는 1년 이상만 거주하였으면 2년 보유조건을 충족하지 못한 경우에도 비과세혜택을 받을 수 있다.

이론정리 및 심화학습

⦂ 전근 등에 의한 양도

다음의 사유로 인해 세대전원이 다른 시·군으로 이사함에 따라 양도하는 경우에는 1년 이상 거주한 1세대 1주택에 대해서는 비과세한다.

■ 1년 이상 거주한 주택은 전근 등의
사유로 양도시 비과세된다.

---

① 학교의 취학(유치원, 초등학교, 중학교 제외)
② 직장의 변경이나 전근 등 근무상의 형편에 의해 양도할 때
③ 1년 이상의 치료나 요양을 필요로 하는 질병의 치료 또는 요양을 위해 양도할 때
④ 학교폭력예방법에 따른 학교폭력으로 인한 전학

13 CASE 해외이민으로 인한 양도

> **사례연구** 얼마 전 (주)연우전자의 연구소장을 하다가 퇴사한 나비법씨는 바로 다른 연구소에 갈 수 있다고 생각했지만 막상 나와 보니 다른 연구소로 전직이 어렵다는 것을 실감하고 있다. 그러던 중 우연한 기회에 미국에 있는 연구소에 취업을 하게 되었다. 나비법씨는 차라리 잘됐다고 생각하면서 취업이민을 가려고 하고 있다. 그런데 아파트를 구입한 지 6개월밖에 되지 않았기 때문에 이를 처분하면 비과세혜택을 받지 못할 것에 대해 걱정하고 있다.
>
> **조언방향** 비과세혜택을 받을 수 있다. 해외 이주 등을 위해 세대 전원이 출국한 경우에는 보유기간에 상관없이 1세대 1주택이면 비과세혜택을 받을 수 있다.

이론정리 및 심화학습

▮ 이민 등의 경우

다음의 경우에는 보유기간에 상관없이 1세대 1주택이면 비과세대상이 된다.

■ 해외이주의 경우 보유기간에 상관없이
  비과세규정을 적용한다.

① 해외이주법에 의한 해외이주로 세대전원이 출국하는 경우
② 1년 이상 계속하여 국외거주를 필요로 하는 취학 또는 근무상의 형편으로 세대전원이 출국하는 경우
③ 5년 이상 거주한 민간임대주택법 또는 공공주택 특별법에 의한 임대주택을 양도하는 경우
④ 법에 의해 수용되는 경우

●●● 이러한 조언에 나비법씨는 출국 전 집을 양도하려 했으나 매수자가 없고 또한 가격도 너무 내린 것 같아 그냥 놔두고 출국할 예정이다. 그런데 이와 같이 양도하지 않고 출국한 경우에는 어떻게 될까?

이런 경우에는 출국일로부터 2년 이내에 양도해야만 비과세혜택을 받을 수 있다.

14 CASE 실질과세의 원칙

사례연구 얼마 전 10년간 거주하던 주택을 양도한 나실질씨는 비과세에 해당하기 때문에 세무서에 신고하지 않았다. 그러던 어느 날 세무서로부터 2,000만원에 달하는 양도소득세가 고지되고 있다. 놀란 나실질씨가 세무서에 가서 항의하자 세무서에서는 건축물관리대장상에 주택이 아닌 영업용 건물로 되어 있다고 한다. 이에 너무 화가 난 나실질씨는 어떻게 해야 하는지 우왕좌왕하고 있다.

조언방향 공부상에 주택이라고 되어 있지 않아도 실질적으로 주택으로 사용한 경우에는 주택으로 보아 비과세규정을 적용한다. 따라서 나실질씨는 주택으로 사용하였다는 증명을 하면 비과세 혜택을 받을 수 있다.

이론정리 및 심화학습

⁝⁝ 실질과세의 원칙

국세기본법에서는 국세부과는 실질과세의 원칙에 의하도록 하고 있다. 실질과세의 원칙이란 법적형식에 불구하고 실질에 따라 세법을 해석해야

■ 국세부과는 실질과세의
■ 원칙에 의한다.

한다는 원칙이다.

따라서 공부상에 영업용건물로 되어 있어도 실질적으로 주택으로 사용했다면 주택으로 보아 비과세규정을 적용해야 한다. 이 경우 '주택으로 사용했다'라는 사실의 입증은 납세자가 해야 하는 것이 일반적이다.

●●● 그렇다면 공부상에 주택으로 되어 있어도 영업용으로 사용한 경우에는 실질과세의 원칙에 의해 1세대 1주택 비과세규정을 적용받을 수 없는 것일까?

그렇다. 공부상에 주택으로 되어 있어도 실질적으로 영업용으로 사용한다면 비과세적용을 받을 수 없다.

15 CASE 아버지주택을 아들이 사는 경우

사례연구 알찬은행의 지점장 이시훈씨는 가진 재산이 적지 않으나 아직 무주택자이다. 이번에 주택을 구입하려던 이시훈씨는 자신의 마음에 드는 마땅한 아파트가 없어 고민 중이다. 이러한 고민을 들은 이시훈씨의 아버지 이용복씨는 자신이 보유한 2채의 아파트 중 하나를 양도할 테니 구입하라고 제안하고 있다. 이러한 제안에 이시훈씨는 아버지의 주택을 아들이 사는 경우 세무서에서 증여로 보지 않을지 불안해하고 있다.

조언방향 일반적으로 배우자나 직계존·비속 간의 양도시에는 증여로 추정한다. 그러나 직계존·비속 간의 거래라고 하더라도 거래사실이 분명하고 거래대금의 자금출처에 대해 명확히 증명할 수 있는 경우에는 증여로 보지 않고 양도로 인정한다.

이론정리 및 심화학습

⋮ 직계존·비속 등에 대한 증여추정

배우자 또는 직계존·비속에게 양도한 재산은 그 재산을 양도할 때 증여

■ 부자(父子) 간의 주택양도도
  거래사실이 확실하면 양도로 인정된다.

한 것으로 추정한다. 다만, 다음에 해당하는 경우에는 증여로 추정하지 않고 양도로 인정한다.

① 등기·등록을 요하는 재산을 서로 교환하는 경우
② 구입한 재산의 대금출처를 확실히 입증하는 경우
③ 법원의 결정으로 경매절차에 의해 처분된 경우
④ 파산선고로 처분된 경우
⑤ 국세징수법에 의해 처분된 경우
⑥ 자본시장법에 따른 증권의 매매를 위하여 거래소가 개설하는 시장을 통하여 유가증권이 처분된 경우

16 CASE 입주권의 양도

사례연구 알찬은행 부산지점의 이투자 과장은 4년 전 재개발이 유력한 지역의 연립주택을 구입하였고 올해 드디어 재개발공사가 시작되어 조합원으로서 입주권을 분양받았다. 그리고 이투자씨의 회사동료인 김투기 과장도 1년 전 같은 지역의 주택을 구입하여 역시 재개발공사와 시작과 함께 입주권을 취득하였다. 그런데 갑자기 돈이 필요하여 입주권을 매각하려던 이투자 과장은 주택이 아닌 입주권을 양도해도 비과세혜택을 받을 수 있는지 불안해하고 있다.

조언방향 입주권은 원칙적으로 보면 주택이 아닌 부동산을 취득할 수 있는 권리이다. 그러나 입주권 중에서 이투자 과장과 같이 관리처분계획 인가일(주) 현재 1세대 1주택 비과세에 해당하는 주택을 보유한 경우에는 그 주택의 철거로 인하여 받은 입주권의 양도 시 비과세혜택을 받을 수 있다.

(주) 관리처분계획 인가일 전에 주택을 철거한 경우에는 철거일

이론정리 및 심화학습

••• 만일 이투자씨가 3년 전에 구입한 다른 주택도 있다고 가정해보자. 이처럼

■ 입주권도 1세대 1주택 비과세
■ 적용을 받을 수 있다.

입주권 양도시 입주권 외에 다른 주택이 있는 경우에도 비과세혜택을 받을 수 있을까?

비과세를 받을 수 없다. 비과세를 받으려면 다른 주택이 없어야 한다. 그리고 이런 경우처럼 다른 주택이 있어 입주권에 대해 양도소득세를 과세할 때에는 입주권을 부동산을 취득할 수 있는 권리로 보아 과세한다.

••• 그러면 이투자씨가 입주권이 아닌 다른 주택을 먼저 양도하는 경우에는 어떻게 될까?

매우 주의해야 한다. 다른 주택을 먼저 양도하는 경우에는 입주권도 주택으로 보기 때문에 1세대 2주택이 되어 양도소득세를 부담해야 한다.

재개발아파트 보유기간

사례연구 앞의 사례의 알찬은행 김투기 과장은 자신의 경우에는 재개발이 시작하는 시점에서는 주택의 보유기간이 1년밖에 되지 않아 입주권을 양도하게 되면 양도소득세가 과세될 것이라는 것을 알고 있다. 그래서 김투기 과장은 재개발아파트가 완공될 때까지 기다릴 예정이다. 재개발공사는 2년이 예상되는데 김과장은 아파트가 완공되면 얼마나 더 보유한 후에 양도해야 비과세대상이 되는지 문의하고 있다

조언방향 김투기 과장은 아파트가 완공되면 즉시 양도해도 1세대 1주택 비과세규정을 적용받을 수 있다. 왜냐하면 『도시 및 주거환경정비법』에 의한 재개발·재건축공사기간은 보유기간에 통산하기 때문이다.

이론정리 및 심화학습

• • • 이러한 조언에 만일 『도시 및 주거환경정비법』에 의한 재건축이 아니라 개인이 기존주택을 멸실하고 다시 재건축한 경우에도 공사기간이 보유기간에 통산되는지 문의하고 있다.

■ 재건축·재개발 공사기간은
■ 보유기간에 통산한다.

『도시 및 주거환경정비법』에 의한 재건축이 아니라 개인이 시행한 재건축공사기간은 보유기간에 통산되지 않는다. 하지만 공사 전 보유기간과 공사 후 보유기간은 통산한다.

CASE 18 1년 이내 양도

사례연구   작년 10월 7일 무리하게 대출을 얻어 3억원에 주택을 구입한 고석훈씨의 입사 동기인 이무리씨는 주택구입 후 아파트 가격은 4억원으로 올랐으나 대출금 상환에 압박을 느껴 올해 9월 아파트를 처분할 생각이다. 어차피 자신은 2년 이상 보유하지 않았기 때문에 비과세에 해당되지 않고 과세되기 때문에 언제 팔아도 상관없다고 생각하고 있다.

조언방향   그렇지 않다. 일반적인 양도소득세율은 6% ~ 45%의 누진세율로 과세되지만 취득 후 1년 이내에 양도하면 50%(주택·입주권·분양권은 70%)의 단일세율이 적용되고 2년 이내의 양도시에는 40%의 세율(주택·입주권·분양권은 60%[주])이 적용된다. 따라서 이무리씨는 비과세혜택을 받지 못하더라도 최소한 올해 10월 7일 이후에 잔금을 받아 40%의 세율로 과세당하는 불이익은 피해야 한다.

■ 1년 이내 양도시 고율의
양도소득세율이 적용된다.

이론정리 및 심화학습

⋮ 양도소득세율

일반적인 양도소득세율은 6%~45%이지만 1년 이내 양도는 50%(주택·입주권·분양권 : 70%), 2년 이내 양도는 40%(주택·입주권·분양권 : 60%), 그리고 미등기양도는 70%의 양도소득세율이 적용된다.

〈표 5-8〉 단기 투기거래에 대한 양도소득세율

구 분	일반부동산	주택·입주권·분양권
1년 이내 양도	50%	70%
2년 이내 양도	40%	60%
미등기 양도	70%	70%

〈표 5-9〉 일반적인 양도소득세율

과 세 표 준	세 율
1,400만원 이하	6%
1,400만원 초과 5,000만원 이하	84만원+1,400만원 초과금액의 15%
5,000만원 초과 8,800만원 이하	624만원+5,000만원 초과금액의 24%
8,800만원 초과 1억 5천만원 이하	1,536만원+8,800만원 초과금액의 35%
1억 5천만원 초과 3억원 이하	3,709만원+1억 5천만원 초과금액의 38%
3억원 초과 5억원 이하	9,409만원+3억원 초과금액의 40%
5억원 초과 10억원 이하	1억 7,409만원+5억원 초과금액의 42%
10억원 초과	3억 8,409만원+10억원 초과금액의 45%

19 CASE 양도차익의 계산

사례연구   이러한 조언에 이무리씨는 고율의 단일세율이 적용되는 것을 피하기 위해 1년을 버틴 후 4억원(양도 당시 기준시가 3.2억원)에 양도한 후 양도소득세가 얼마나 나올지 궁금해하고 있다. 이무리씨의 아파트 취득가액은 3억원(취득 당시 기준시가 2억원)이고 취득세 등의 취득부대비용은 1,000만원이 들어갔다.

조언방향   양도소득세 계산구조를 살펴보면 양도소득세를 전체적으로 이해하는 데 도움이 된다. 심화학습에서 계산구조를 따라가 보자.

이론정리 및 심화학습

양도소득세의 계산

(1) 양도차익의 계산

양도차익은 양도가액에서 취득가액과 취득시 소요된 부대비용을 차감한 금액이다. 이때 양도가액과 취득가액은 기준시가가 아닌 실거래가액 적

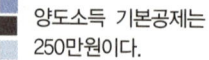
양도소득 기본공제는
250만원이다.

용을 원칙으로 한다.

| 양도차익 | = | 양도가액 | − | 취득가액 | − | 제비용 |

이무리씨의 양도가액은 4억원이고 취득가액과 제비용은 3억원과 1,000만원이다. 따라서 양도차익은 9,000만원이 된다.

| 양도차익 9,000만원 | = | 양도가액 4억원 | − | 취득가액 3억원 | − | 제비용 1,000만원 |

(2) 양도소득 과세표준의 계산

양도소득 과세표준은 양도차익에서 장기보유특별공제와 양도소득기본공제를 차감한 금액이다.

| 양도소득과세표준 | = | 양도차익 | − | 장기보유특별공제 | − | 양도소득기본공제 |

1) 장기보유특별공제

장기보유특별공제는 3년 이상 보유한 등기된 토지와 건물에 대해 적용한다. 이무리씨의 경우에는 3년 이상 보유하지 못했기 때문에 장기보유특별공제 금액은 없다.

양도가액과 취득가액은
실거래가액 적용이 원칙이다.

2) 양도소득기본공제

양도소득기본공제는 250만원 공제해 준다.

이에 따라 계산한 이무리씨의 양도소득과세표준은 8,750만원이다.

| 양도소득과세표준 8,750만원 | = | 양도차익 9,000만원 | − | 장기보유특별공제 0원 | − | 양도소득기본공제 250만원 |

(3) 양도소득산출세액의 계산

양도소득과세표준에 양도소득세율을 곱한 금액이 산출세액이 된다.

| 양도소득산출세액 | = | 양도소득과세표준 | × | 양도소득세율 |

〈표 5-10〉 양도소득세율

과 세 표 준	세 율
1,400만원 이하	6%
1,400만원 초과 5,000만원 이하	84만원+1,400만원 초과금액의 15%
5,000만원 초과 8,800만원 이하	624만원+5,000만원 초과금액의 24%
8,800만원 초과 1억 5천만원 이하	1,536만원+8,800만원 초과금액의 35%
1억 5천만원 초과 3억원 이하	3,709만원+1억 5천만원 초과금액의 38%
3억원 초과 5억원 이하	9,409만원+3억원 초과금액의 40%
5억원 초과 10억원 이하	1억 7,409만원+5억원 초과금액의 42%
10억원 초과	3억 8,409만원+10억원 초과금액의 45%

■ 양도일이 속하는 달의 말일부터
2월 이내에 예정신고해야 한다.

이에 따라 계산한 양도소득세 산출세액은 1,524만원(≒624만원+3,750만원×24%)이다.

(4) 양도소득세 예정신고

양도소득세도 소득세이기 때문에 당해연도에 발생한 양도소득세는 다음해 5월에 확정신고해야 한다. 그러나 양도소득의 경우에는 예정신고제도가 있어 부동산을 양도하면 양도일이 속하는 달의 말일부터 2월 이내에 예정신고해야 한다.

〈표 5-11〉 이무리씨의 양도소득세 계산 FLOW

구 분	금 액
양도가액	4억원
- 취득가액	3억원
- 제비용	1,000만원
양도차익	9,000만원
- 장기보유특별공제	해당 없음
- 양도소득기본공제	250만원
과세표준	8,750만원
× 세율	6%~42%
산출세액	1,524만원

고가주택의 양도

사례연구   (주)연우전자의 부사장인 고준원씨는 이번에 살던 고급빌라(5년 거주)를 처분하고 대형아파트로 이사하려고 하고 있다. 그런데 12억원을 초과하는 고가주택에 대해서는 1세대 1주택이어도 비과세가 배제된다는 조언에 고준원씨는 12억 2,000만원에 양도계약을 하려다가 고민에 빠졌다. 취득가액이 8억원이어서 양도차익이 매우 많기 때문에 차라리 12억원에 양도하여 양도소득세를 비과세받는 것이 12억 2,000만원에 양도하는 것보다 유리한 것이 아닌지 문의하고 있다.

조언방향   그렇지 않다. 12억원에 양도하는 것보다 12억 2,000만원에 양도하는 것이 유리하다. 왜냐하면 비과세가 배제되는 고가주택이라고 하더라도 1세대 1주택이면 12억원을 초과하는 부분에 대해서만 과세하고 장기보유특별공제도 매우 크기 때문에 12억 2,000만원에 양도하는 것이 유리하다. 자세한 내용은 심화학습에서 살펴보자.

■ 1세대 1주택인 고가주택 양도시
■ 12억원 초과부분에 대해서만 과세한다.

이론정리 및 심화학습

고가주택에 대한 양도차익 계산

(1) 양도차익의 계산

고가주택이라고 하더라도 1세대 1주택으로서 2년 이상 보유한 주택의 양도차익은 다음과 같이 계산한다.

$$\text{양도차익} = (\text{양도가액} - \text{취득가액}) \times (\text{양도가액} - 12억원)/\text{양도가액}$$

따라서 취득가액 8억원인 아파트를 12억 2,000만원에 양도한 경우 양도차익은 4억 2,000만원이 아닌 약 689만원에 불과하다.

$$\text{양도차익}(689만원) \fallingdotseq (\text{양도가액} - \text{취득가액})(12.2억원 - 8억원) \times (\text{양도가액} - 12억원)/\text{양도가액}(12.2억원 - 12억원)/12.2억원$$

(2) 장기보유특별공제와 양도소득기본공제

1세대 1주택이지만 비과세혜택을 받지 못하는 고가주택에 적용되는 장기보유특별공제액은 다음과 같다. 단, 2년 미만 거주한 경우에는 일반적인 장기보유특별공제율을 적용받는다.

기한 내 예정신고하지 않으면 가산세가 부과된다.

〈표 5-12〉 장기보유특별공제

일반적인 경우		1세대 1주택[주]			
보유기간	공제율	보유기간	공제율	거주기간	공제율
3년 이상 15년 미만	보유년수× 2%	3년 이상 10년 미만	보유년수× 4%	2년 이상 10년 미만	거주년수× 4%
15년 이상	30%	10년 이상	40%	10년 이상	40%

(주) 1세대 1주택이지만 고가주택이어서 비과세 배제되는 주택 등을 말한다.

따라서 1세대 1주택으로서 5년 보유 및 거주한 주택에 대해 적용되는 장기보유특별공제 275만원(≒ 689만원×40%)과 양도소득기본공제 250만원을 공제하면 양도소득과세표준은 164만원이 된다.

양도소득과세표준 164만원 = 양도차익 689만원 − 장기보유특별공제 275만원 − 양도소득기본공제 250만원

(3) 양도소득 산출세액

양도소득 과세표준 164만원에 양도소득세율(6%)을 곱하면 산출세액은 약 10만원에 불과하다.

∷ 고준원씨의 의사결정

따라서 고준원씨는 12억원에 양도하여 비과세받는 것보다 12억 2,000만원에 양도하는 것이 절대적으로 유리하다.

■ 고가주택(1세대 1주택)의 장기보유특별공제는
최대 양도차익의 80%이다.

<표 5-13> 비교분석

구 분	양도소득세	실제 수입액
12억원에 양도	비과세	12억원
12.2억원에 양도	10만원	12억 1,990만원

재산세와 종합부동산세

사례연구   이러한 조언에 고준원씨는 매우 고마워하며 고급빌라를 12억 2천만원에 양도한 후 대형아파트를 15억원에 구입하였다. 일단 대형아파트를 구입은 했지만 자금조달이 부담인 고준원씨는 주택보유에 대해 부과되는 보유세인 재산세와 종합부동산세가 얼마나 되는지 궁금해하고 있다.

조언방향   주택의 보유시 과세되는 보유세로는 재산세와 종합부동산세가 있다. 심화학습에서 자세히 살펴보자.

이론정리 및 심화학습

주택에 대한 재산세

주택에 대한 재산세 납세의무자는 과세기준일인 6월 1일 현재 주택을 사실상 소유한 자이다.

(1) 재산세 과세표준

주택에 대한 재산세의 과세표준은 시가표준액에 공정시장가액비율을 곱

■ 공시가격 9억원 초과주택은
종합부동산세 과세대상이다.

한 금액으로 한다. 이때 시가표준액이란 「부동산가격공시에 관한 법률」에 의해 공시된 주택가액을 말하며 주택에 대한 공정시장가액비율은 40%~80% 범위 내에서 대통령령으로 정한다.

(2) 재산세 산출세액

주택에 대한 재산세 산출세액은 과세표준에 다음의 재산세율을 곱한 금액이다.

〈표 5-14〉 주택에 대한 재산세율

과 세 표 준	세 율[주]
6,000만원 이하	0.1%
6,000만원 초과 1억 5,000만원 이하	0.15%
1억 5,000만원 초과 3억원 이하	0.25%
3억원 초과	0.4%

(주) 시가표준액 9억원 이하인 1세대 1주택은 위의 세율에서 0.05%를 인하하여 적용한다.

(3) 재산세 납부기한

주택에 대한 재산세는 7월 16일~7월 31일과 9월 16일~9월 30일에 각각 산출세액의 1/2씩을 납부해야 한다.

주택에 대한 종합부동산세

주택에 대한 종합부동산세 납세의무자는 공시가액이 9억원을 초과하는 주택을 소유한 자로 종합부동산세는 세대별로 합산과세하지 않고 개인별

> 종합부동산세는 세대별합산과세가
> 아닌 개인별합산과세이다.

로 합산과세한다.

••• 종합부동산세는 개인별로 과세한다는 조언에 고준원씨는 자신이 구입한 대형아파트(12억원)를 부부공동명의로 하면 각각의 소유지분이 9억원이므로 종합부동산세가 과세되지 않는 것이냐며 문의하고 있다.

그렇다. 종합부동산세는 세대별이 아닌 개인별로 과세하기 때문에 공시가격이 12억인 주택을 부부 간에 공동명의로 하는 경우 과세되지 않는다.

••• 이러한 조언에 고준원씨의 친구인 나불만씨는 자신의 주택은 10억원인데 본인 단독명의로 되어 있어 공동명의로 한 사람들보다 너무 불이익이 크다고 불평하고 있다.

그렇지 않다. 종합부동산세 과세표준 계산시 1세대 1주택자의 경우에는 3억원을 추가로 공제해주기 때문에 사실상 12억원까지는 종합부동산세가 과세되지 않는다.

(1) 종합부동산세 과세표준(주택)

종합부동산세 과세표준은 공시가격에서 9억원을 차감한 금액(주1)에 공정시장가액비율을 곱한 금액이다.

(주1) 1세대 1주택인 경우에는 3억원을 추가로 공제한다.

■ 공시가격 9억원 초과주택은
■ 종합부동산세 과세대상이다.

(2) 종합부동산세 산출세액(주택)

종합부동산세 산출세액
= (공시가격 − 9억$^{(주2)}$) × 공정시장가액비율$^{(주3)}$ × 세율 − 재산세액$^{(주4)}$

(주2) 1세대 1주택에 대해서는 3억원 추가공제된다.
(주3) 60%
(주4) 종합부동산세 과세대상 주택에 대해 부과한 재산세액이다.

〈표 5-15〉 주택에 대한 종합부동산세율

과 세 표 준	2주택 이하	3주택 이상
3억원 이하	0.5%	0.5%
3억원 초과 6억원 이하	0.7%	0.7%
6억원 초과 12억원 이하	1.0%	1.0%
12억원 초과 25억원 이하	1.3%	2.0%
25억원 초과 50억원 이하	1.5%	3.0%
50억원 초과 94억원 이하	2.0%	4.0%
94억원 초과	2.7%	5.0%

(3) 장기보유세액공제와 고령자세액공제

1세대 1주택자로서 5년 이상 보유한 경우에는 장기보유세액공제를, 그리고 만 60세 이상인 자로서 1세대 1주택자인 경우에는 고령자세액공제를 받을 수 있다. 단, 장기보유세액공제와 고령자세액공제를 합하여 최대 80% 한도로 공제를 받을 수 있다.

> 종합부동산세의 납세기준일은 매년 6월 1일이다.

〈표 5-16〉 장기보유세액공제

보 유 기 간	공 제 율
5년 이상 10년 미만	20%
10년 이상 15년 미만	40%
15년 이상	50%

〈표 5-17〉 고령자세액공제

보 유 기 간	공 제 율
만60세 이상 만65세 미만	20%
만65세 이상 만70세 미만	30%
70세 이상	40%

(4) 과세기준일과 납부기한

종합부동산세의 과세기준일은 6월 1일이고 납부기한은 12월 1일에서 12월 15일까지이다.

NOTE 부부공동명의(1세대 1주택)인 경우 다음 중 선택가능

① 부부 개인별로 각각 9억원씩의 기본공제(부부가 받는 총공제는 18억원)를 받고 각각 세액을 계산한다. 이 경우 장기보유세액공제와 고령자세액공제는 받을 수 없다.

② 부부 중 1명을 납세자로 하여 9억원의 기본공제와 3억원의 추가공제(총공제 12억원)를 받고 세액을 계산한다. 이 경우 장기보유세액공제와 고령자세액공제를 받을 수 있다.

주택임대차보호법

사례연구 이러한 여러 가지 조언에 고석훈씨는 매우 흡족해하면서도 자신은 아직 주택을 구입할 능력이 없어 마음이 심란하다. 고석훈씨는 얼마 전 서울 변두리의 원룸주택을 1억원에 전세를 얻었는데 혹시 이 전세금을 돌려받지 못하는 경우가 있을까봐 걱정이다. 고석훈씨는 주택임대차보호법상의 전세보증금 보호규정이 있는지 문의하고 있다.

조언방향 전세보증금을 보호받으려면 원칙적으로는 전세권을 등기해야 한다. 하지만 『주택임대차보호법』에 의해 등기를 하지 않아도 일정한 요건을 갖추면 보호받을 수 있다. 또한 일정 금액 이하의 소액전세보증금에 대해서는 모든 채권에 우선하는 최우선변제권이 있다. 심화학습에서 자세히 살펴보자.

이론정리 및 심화학습

주택임대차보호법

『주택임대차보호법』에서는 임차인이 임대주택에 입주하고 주민등록전입주택임대차보호법에서는 소액보증금의 경우 최우선변제권을 인정하고 있다.

을 한 후 주택임대차계약서상에 동주민센터에서 확정일자를 받아두면 그 날짜 이후에 설정된 담보채권이나 기타채권에 우선하여 보증금 변제를 받을 수 있도록 하고 있다.

우선변제권

『주택임대차보호법』에서는 소액보증금의 경우 선순위 채권 등이 있어도 최우선적으로 변제권을 보호하고 있다. 이러한 우선 변제권에 해당하는 보증금 규모와 우선변제금액은 다음과 같다.

〈표 5-18〉 우선변제권

구 분	서울특별시	과밀억제권역, 세종시, 용인시 및 화성시	광역시, 안산시, 김포시, 광주시 및 파주시	그 외 지역
보증금 규모	1억 5천만원	1억 3천만원	7,000만원	6,000만원
우선변제금액(주)	5,000만원	4,300만원	2,300만원	2,000만원

(주) 이러한 우선변제 보증금은 당해 주택가액의 1/2를 한도로 한다.

고석훈씨는 서울특별시이고 보증금 규모가 1억원이므로 우선변제권에 해당된다. 그러나 전액 우선변제권이 있는 것은 아니고 5,000만원까지만 우선변제권이 있다. 이러한 우선변제권은 상대채무가 국세나 지방세체납인 경우에도 우선한다.

23 부동산 명의신탁
CASE

> **사례연구** (주)연우전자의 거래처인 중소기업 (주)다성의 재무담당상무인 안재무씨는 은행이 회사의 대출과 관련하여 자신의 연대보증을 요구하자 불안해하고 있다. 회사가 부도가 나면 자신의 유일한 재산인 아파트를 날리게 될까봐 걱정하던 안재무씨는 자신의 아파트 명의를 누이동생이름으로 해 놓으려고 한다. 안재무씨는 이러한 명의신탁이 아무 문제없는지 문의하고 있다.
>
> **조언방향** 자신 소유의 부동산을 타인명의로 등기하는 것을 명의신탁이라고 하며 이러한 명의신탁은 『부동산실명법』에 의해 무거운 처벌이 있다. 심화학습에서 자세히 살펴보자.

이론정리 및 심화학습

┋ 부동산실명법

부동산을 실권리자가 아닌 다른 사람의 명의로 등기하는 것(명의신탁)은 부동산실명법(주)에 의해 명의신탁자(안재무씨)는 5년 이하의 징역 또는 2억원 이하의 벌금에 처한다. 그리고 부동산가액의 30%에 해당하는 과징

> 부동산을 배우자 명의로 하는 것은
> 부동산실명법상 명의신탁이 아니다.

금도 있다.

또한 명의수탁자(안재무씨의 누이동생)도 3년 이하의 징역 또는 1억원 이하의 벌금에 처하도록 하고 있다. 따라서 안재무씨는 가능하면 명의신탁을 하지 않는 것이 좋다.

(주) 정식 법률명칭은 「부동산 실권리자명의 등기에 관한 법률」이다.

● ● ● 이러한 조언에 안재무씨는 이러지도 저러지도 못하고 있다. 그러면서 자신의 누이동생이 아닌 배우자 명의로 하는 것도 부동산실명법에 의해 명의신탁으로 처벌되는지 문의하고 있다.

배우자 명의로 하는 것은 나름대로 의미가 있다. 본인의 부동산을 배우자명의로 하는 것은 부동산실명법에서 명의신탁으로 보지 않기 때문이다.

또한 민법상이나 세법상 원칙적으로 부부재산은 별산제이기 때문에 배우자의 명의로 되어 있으면 일단 회사의 채무로부터 보호될 수 있다.

CASE 24 양도소득세 과세대상

사례연구 이러한 주택 관련된 조언에 고석훈씨는 매우 만족해하고 있다. 그런데 주식양도시에도 양도소득세가 과세될 수 있다는 이만수 부장의 말을 듣고 고석훈씨는 부동산 이외에 양도소득세가 과세되는 것에는 어떤 것이 있는지 문의하고 있다.

조언방향 부동산 외에 양도소득세가 과세되는 것에는 과세대상 주식의 양도, 그리고 골프회원권과 콘도회원권 등의 특정시설물 이용권·회원권의 양도와 과세대상 파생상품이 있다.

이론정리 및 심화학습

양도소득세 과세대상

양도소득세 과세대상은 다음과 같다.

(1) **토지와 건물**

(2) **부동산에 관한 권리**
　　① 지상권

골프회원권, 콘도회원권 등도
양도소득세 과세대상이다.

② 전세권
③ 등기된 부동산임차권
④ 부동산을 취득할 수 있는 권리

(3) 과세대상주식

비상장주식은 단 1주만 양도하더라도 양도소득세 과세대상이다. 그리고 주권상장법인의 경우에는 보유주식지분이 1% 이상이거나 시가총액 10억원이 넘는 대주주(코스닥의 경우에는 2%, 10억원, 코넥스의 경우에는 4%, 10억원임)가 양도하는 주식에 대해서는 양도소득세가 과세된다.

〈표 5-19〉 과세대상 주식

구 분		과 세 대 상
비상장주식		단 1주만 양도해도 과세
상장주식	코스피	대주주(1% 또는 시가 10억원 이상)의 양도
	코스닥	대주주(2% 또는 시가 10억원 이상)의 양도
	코넥스	대주주(4% 또는 시가 10억원 이상)의 양도

(4) 기타자산

① 골프회원권, 콘도회원권 등의 특정시설물 이용권
② 사업용 고정자산과 함께 양도하는 영업권
③ 부동산과다법인의 과점주주가 소유한 주식
④ 골프장, 스키장 등 특정업종을 영위하는 부동산과다법인의 주식

주택과 세금

1. 주택구입시 부담세

주택구입시 취득세(1주택 1%~3%, 다주택 및 법인은 중과), 지방교육세(0.1~0.3%), 그리고 전용면적 85㎡ 초과시 농어촌특별세(0.2%) 등의 세금을 부담해야 한다.

2. 1세대 1주택에 대한 비과세

1세대 1주택으로서 2년 이상 보유(조정대상지역은 2년 거주)한 주택에 대해서 양도소득세를 비과세한다.

3. 고가주택에 대한 비과세배제

1세대 1주택으로 2년 이상 보유해서 비과세요건을 충족한 경우에도 양도당시 가액이 12억원을 초과하는 고가주택에 대해서는 비과세적용을 배제한다.

4. 1세대 구성요건

1세대란 거주자 및 배우자가 그들과 동일한 주소 또는 거소에 생계를 같이하는 가족과 함께 구성하는 세대를 말하지만 다음의 경우에는 예외적으로 배우자가 없어도 1세대를 구성할 수 있다.

　① 해당 거주자의 연령이 30세 이상인 경우
　② 배우자가 사망하거나 이혼한 경우

③ 소득세법상 소득이 일정금액 이상인 경우. 이 경우 미성년자는 제외하나 미성년자의 결혼, 가족의 사망 등으로 1세대 구성이 불가피한 경우에는 그렇지 않다.

5. 이사를 위한 일시적 1세대 2주택

이사갈 집을 구입한 후 3년 이내에 기존주택을 양도하는 경우에는 1세대 1주택으로 보아 비과세한다.

6. 혼인·합가로 인한 1세대 2주택

혼인·부모봉양을 위하여 세대를 합하여 2주택이 된 경우에는 혼인한 날부터 5년·합친 날부터 10년 이내에 먼저 양도하는 주택은 1세대 1주택으로 보아 비과세를 받을 수 있다.

7. 양도시기(취득시기)

원칙적으로 세법상 취득시기는 매매계약서상에 잔금지급약정일이 아닌 실제로 잔금을 청산한 날이다. 그러나 잔금청산 전에 소유권이전등기를 한 경우에는 소유권이전 등기접수일이다.

8. 상속주택

상속받은 주택은 양도소득세를 과세한다. 그러나 자신의 주택(상속개시일전 2년 이내에 피상속인에게서 증여받은 주택 제외)을 양도하는 경우 상속주택은 주택수 계산에 포함하지 않는다.

9. 겸용주택

겸용주택의 경우 주택사용면적이 상가사용면적보다 크면 전체를 주택으로 보고 상가사용면적이 주택사용면적보다 크거나 같으면 주택부분만 주택으로 본다.

10. 오피스텔의 경우

오피스텔은 사용용도에 따라 구분한다. 주거용으로 사용하거나 임대를 주면 주택으로 보고 사무실로 임대를 주면 주택으로 보지 않는다.

11. 미등기주택과 무허가주택

미등기주택의 경우에는 1세대 1주택으로 2년을 거주했어도 양도소득세비과세가 배제된다. 하지만 건축법의 건축허가를 받지 못해 등기가 불가능한 무허가주택은 1세대 1주택으로 2년 보유라는 요건을 충족하면 비과세혜택을 받을 수 있다.

12. 미등기주택의 불이익

미등기상태로 주택을 양도하면 비과세규정을 적용하지 않는다. 뿐만 아니라 장기보유특별공제와 양도소득기본공제(250만원)의 적용이 배제되며 70%의 양도소득세율이 적용된다.

13. 전근 등으로 인한 양도

다음의 사유로 인해 세대전원이 다른 시·군으로 이사함에 따라 1년 이상 거주한 1세대 1주택을 양도하는 경우에는 비과세한다.
① 학교의 취학(유치원, 초등학교, 중학교 제외)
② 직장의 변경이나 전근 등 근무상의 형편에 의해 양도할 때
③ 1년 이상의 치료나 요양을 필요로 하는 질병의 치료 또는 요양을 위해 양도할 때
④ 학교폭력예방법에 따른 학교폭력으로 인한 전학으로 양도할 때

14. 해외이민 등의 경우

해외이민 등 다음의 경우에는 보유기간에 상관없이 1세대 1주택이면 비과세대상이 된다.
① 해외이주법에 의한 해외이주로 세대전원이 출국하는 경우
② 1년 이상 계속하여 국외거주를 필요로 하는 취학 또는 근무상의 형편으로 세대전원이 출국하는 경우
③ 5년 이상 거주한 민간임대주택법 또는 공공주택 특별법에 의한 임대주택을 양도하는 경우
④ 법에 의해 수용되는 경우

15. 실질과세의 원칙

국세부과는 실질과세의 원칙에 의한다. 이때 실질과세의 원칙이란

법적형식에 불구하고 실질에 따라 세법을 해석해야 한다는 원칙이다. 따라서 공부상에 영업용건물로 되어 있어도 실질적으로 주택으로 사용했다면 주택으로 보아 비과세규정을 적용한다.

16. 직계존·비속 간의 양도

배우자 또는 직계존·비속에게 양도한 재산은 그 재산을 양도할 때 증여한 것으로 추정한다. 다만, 거래대금의 지급이 확실한 경우 등에는 증여로 추정하지 않고 양도로 인정한다.

17. 입주권의 양도

입주권은 원칙적으로 주택이 아닌 부동산을 취득할 수 있는 권리이다. 그러나 재개발·개건축의 관리처분계획인가일 현재 1세대 1주택 비과세에 해당하는 주택을 보유한 경우에는 그 주택의 철거로 인하여 받은 입주권은 양도시 비과세혜택을 받을 수 있다.

18. 재개발·재건축공사기간

『도시 및 주거환경정비법』에 의한 재개발·재건축공사기간은 보유기간에 통산한다.

19. 주택에 대한 재산세

주택에 부과되는 재산세의 과세표준은 시가표준액에 공정시장가액비율을 곱한 금액으로 한다. 이러한 재산세 과세표준에 재산세율을 곱한 금액이 재산세산출세액이다.

20. 주택에 대한 종합부동산세

(1) 종합부동산세 과세대상 : 공시가액이 9억원을 초과하는 주택(법인은 공시가액에 상관없이 과세)이다.
(2) 개인별합산과세 : 종합부동산세는 세대별로 합산과세하지 않고 개인별로 과세한다. 따라서 부부 간에 주택을 1채씩 각자 소유하고 있는 경우 합산과세하지 않고 개인별로 과세한다.

21. 주택임대차보호법

주택임대차의 경우『주택임대차보호법』에 의해 등기가 없어도 임차인이 임대주택에 입주하고 주민등록전입을 한 후 주택임대차계약서상에 확정일자를 받아두면 그 날짜 이후에 설정된 담보채권이나 기타채권에 우선하여 임대보증금 변제를 받을 수 있다.

22. 부동산 명의신탁

부동산을 타인명의로 등기하는 것을 명의신탁이라고 하며 이러한 명의신탁은『부동산실명법』에 의해 5년 이하의 징역 또는 2억원 이하의 벌금에 처한다. 그리고 부동산가액의 30%에 해당하는 과징금도 있다.

부록

세금계산 Flow

법인세 계산 Flow
근로소득세 계산 Flow
부가가치세 계산 Flow
퇴직소득세 계산 Flow
양도소득세 계산 Flow

법인세 계산 Flow

결산서상 당기순이익 — 회계기준에 의해 작성된 손익계산서의 당기순이익

+ 익금산입·손금불산입
− 익금불산입·손금산입 — 회계기준과 법인세법의 차이로 인한 세무조정사항

= 각사업연도 소득금액

− 이월결손금 — 15년간 이월공제가능

− 비과세소득 — 공익신탁의 신탁재산에서 생기는 소득

− 소득공제 — 유동화전문회사 등에 대한 소득공제 등

= 법인세 과세표준

× 법인세율 — 2억원까지 9%, 2억원 초과분 19%, 200억 초과분 21%, 3,000억원 초과분 24%

= 법인세 산출세액 — 토지 등의 양도소득에 대한 법인세 등 가산

- 세액공제·감면	법인세법과 조세특례제한법상의 세액공제와 감면
+ 가산세	신고불성실·무기장가산세 등
= 법인세 납부세액	

근로소득세 계산 Flow

| 총급여액 | 급여총액+상여총액−비과세근로소득 |

− 근로소득공제   근로소득에 대한 필요경비적 공제임

= 근로소득금액

− 기본공제   본인, 배우자, 부양가족 1인당 150만원 공제

− 추가공제   경로우대자(100만원), 장애인(200만원), 부녀자(50만원), 한부모공제(100만원),

− 기타소득공제   신용카드사용공제 등

= 근로소득 과세표준

× 기본세율   6~45%의 종합소득세율

= 근로소득 산출세액

− 세액공제 및 세액감면   근로소득세액공제, 보험료, 의료비, 교육비, 기부금세액공제

= 근로소득 결정세액

− 기납부세액　　　매월 급여지급시 원천징수한 금액

= 차감 납부(환급)세액

부가가치세 계산 Flow

| 매출세액 | 부가가치세 과세표준 × 세율(10%) |

− 매입세액   매입처별세금계산서합계표상의 매입세액

= 납부세액

− 세액공제   신용카드매출전표 등의 발행에 대한 세액공제

− 기타공제 · 경감세액

− 예정신고 미환급세액   납부세액에서 예정신고시 미환급세액을 차감

+ 가산세   세금계산서 불성실 가산세 등 각종 불이행에 대한 가산세

= 차감 납부(환급)세액

퇴직소득세 계산 Flow

= 퇴직소득금액	퇴직급여지급규정에 의해 지급한 퇴직급여
− 근속연수에 따른 공제액	4개 구간에 따른 공제
− 12/근속연수	
= 환산급여	
− 환산급여에 따른 차등공제액	5개 구간에 따른 공제
= 퇴직소득 과세표준	
× 기본세율	6~45%의 기본세율을 적용
× 근속연수/12	
= 퇴직소득 산출세액	

양도소득세 계산 Flow

양도가액

− 취득가액

양도가액과 취득가액은 기준시가가 아닌 실거래가액으로 계산하는 것이 원칙이다.

− 제비용

취득부대비용, 설치비와 개량비, 자본적지출액, 양도비 등의 비용을 차감한다.

= 양도차익

− 장기보유특별공제

3년 이상 보유한 등기된 토지·건물에만 적용되며 양도차익의 6%~30%를 공제(1세대 1주택은 20~80%)한다.

− 양도소득기본공제

부동산 등의 양도와 주식양도, 파생상품양도에 대한 각각 자산별로 1년에 250만원 공제된다.

= 양도소득 과세표준

× 양도소득세율

양도소득세율은 일반적인 경우 과세표준의 6~45%이며 미등기양도는 70%, 1년 미만(2년 미만)보유한 경우에는 50%(40%)이다. 주택·입주권·분양권은 1년 미만 70%이고 2년 미만은 60%를 적용한다.

= 산출세액

+ 가산세액   신고불성실가산세 10%, 납부지연가산세(1일 0.022%
            +미납세액의 3%)

= 결정세액

NOTE

분　납 : 양도소득세 산출세액이 1,000만원을 초과하는 경우에는 2개월
　　　 이내에 분납할 수 있다.

사례로 알아보는 고동호의 **직장인을 위한 세금**

발행일	2023년 9월 1일 14판 1쇄
저 자	고동호
발행인	임재환
발행처	유비온
등 록	제22-630호(2001. 4. 17)
주 소	서울시 구로구 디지털로 34길 27 대륭포스트타워 3차 601호
전 화	02-2023-8789(위탁거래 문의)
	02-2023-8788(현매거래 문의)
팩 스	02-6020-8590
ISBN	978-89-5863-628-1 (13320)

- 정가는 뒤표지에 있습니다.
- 낙장이나 파본은 교환해드립니다.
- 저자와 합의하여 인지를 생략합니다.
- 이 책의 무단전재 또는 복제행위는 저작권법에 의거하여 처벌을 받게 됩니다.

> 본서에서 언급하고 있는 저자의 규정해설과 과세관청의 해석과는 차이가 있을 수 있으며, 또한 특정 사안에 대한 구체적인 의견제시가 아닙니다. 따라서 실제사안에 적용할 때는 저자 또는 전문가 집단과 충분히 상담하신 후 적용하실 것을 권고합니다.